U0331007

大夏书系·教育新思考

教育平衡力

陈荣艺 著

华东师范大学出版社
全国百佳图书出版单位
·上海·

图书在版编目（CIP）数据

教育平衡力 / 陈荣艺著 .—上海: 华东师范大学出版社，2021
ISBN 978-7-5760-2098-4

Ⅰ.①教 ... Ⅱ.①陈 ... Ⅲ.①教育—文集　Ⅳ.① G4-53

中国版本图书馆 CIP 数据核字（2021）第 168319 号

大夏书系·教育新思考

教育平衡力

著　　者	陈荣艺	
策划编辑	朱永通	
责任编辑	韩贝多	
责任校对	杨　坤	
装帧设计	奇文云海·设计顾问	

出版发行 华东师范大学出版社
社　　址 上海市中山北路 3663 号　邮编　200062
网　　址 www.ecnupress.com.cn
电　　话 021‑60821666　行政传真　021‑62572105
客服电话 021‑62865537
邮购电话 021‑62869887　地址　上海市中山北路 3663 号华东师范大学校内先锋路口
网　　店 http://hdsdcbs.tmall.com

印 刷 者 北京博海升彩色印刷有限公司
开　　本 890×1240　32 开
插　　页 2
印　　张 7.25
字　　数 149 千字
版　　次 2021 年 11 月第一版
印　　次 2024 年 3 月第二次
印　　数 6 101–7 100
书　　号 ISBN 978-7-5760-2098-4
定　　价 49.80 元

出 版 人 王　焰

（如发现本版图书有印订质量问题，请寄回本社市场部调换或电话 021-62865537 联系）

目　录

上　编　　快与慢的平衡：
打造温馨的家园

中 编　强与弱的平衡：

引出人性的善美

下 编　进与退的平衡：
守望安静的教育

序 一

寻常中的"不可思议"

　　二〇一七年，陈荣艺从校长岗位上离任后，开始了这本书的写作。他说他花了四年时间，写得很慢。慢，一向是他的特点，我很早就认识到，这也可能正是他的一大不为常人所知的长处，虽然看上去略显稚拙，缺少激情与灵活性，但他在工作中却极少犯错，应对各种失控与怒火从不失去分寸，他自有慢中生慧，谋定而后动的从容感。

　　我认识陈荣艺时，他已在福建师范大学高师培训中心校长班听过我的课，后来我问他听课有何感受，他的回答是：听着很激动，但基本上不知所云！哈，大概我那个时候的讲座算得上是晦涩与激情的混合体，还在练习之中，这怨不得陈荣艺的听力。

　　我们真正的交往开始于一九九九年五月二十三日的午后。"多年以后，陈荣艺总是会想起王永和张文质，一高一矮、一瘦一胖两人组，带着几分酒气，戏剧性地走进学校电教室的那一瞬间"，他们带来了"指导—自主学习"这一教育实验项目，旨在推动学校的教学变革与文化变革，现在看来那个下午会场里激荡着的一切，可以毫不夸张地说，就是一种教育乌托邦的气息，也许正像联合国教科文组织所倡导的那样，所有关于变革的梦想，都是一个"必要的乌托邦"。

所有的对生命的热情，也可能就是命运最为真切的一种馈赠。选择了作为教师这样的以生命影响生命的工作，信赖改变、改进、改善，信赖人性，信赖真善美，自然应该成为职业的一块基石。

陈荣艺离开校长岗位后，开始这本书的写作。想必他对原来所记录的各种文稿，某一些文件，具体的事件，以及会在笔下出现的细节与人物都已有过认真的考量，我并不是说他要隐瞒什么，他做的根本不是这些。他已把日子过得风轻云淡，"这几年我学会了品茶"，"计划花点时间去看看其他国家，现在被疫情耽搁了"，我体会到了他的苦心恰恰是，那些最痛的就不说了，那些根本无法改变的也不作为讨论的对象，他只是要以文字的方式把在生命中已经消逝的一切重新过一遍。所有的记忆都是一个人的私有财产，他在这里来回咀嚼、深入思虑，一切都变得有教育的日常韵致，既传递出发生在校园中的各种生命事件及其背后复杂的艰辛与悲哀，更要用各种事实说出教育思考者、变革者可能到达的智慧边界，那里自然也有创造，有诗意，有诚恳而坚定的人性的光辉。

我熟悉这一切，也曾深度参与到陈荣艺的教育生活之中，我阅读这本书确实可以把书读得更为厚重，别有一种况味。他拼命想，努力做出的各种腾挪也丰富了我对教育与儿童成长的理解。更有意义的是，我从他身上，从他所在的教育场域，渐渐地认识到我们所面临的"危险"与局限，我越读越有了一种道不尽的怜惜之情。

尽管如此，一个真诚的人，他所说的教育的日常，他所表明的一切对生命对美好生活的追求，想必会在很多人那里引起共鸣。这当然不是简单的相信，因为书中的一切再自然不过了，几乎每一个教师都难以离开这些场景，这些寻常的话题仍然会在无数人那里不止息地荡漾。有耐心的人，定然可以从这样的寻常中收获更多的"不可思议"。

"去想无关紧要的事。去想想风吧。"美国小说家杜鲁门·卡波特这样说。

张文质

序　二

这样的“教育土著”

　　大概，荣艺兄也深知作为闽南人在讲普通话上的先天不足，在发ang、eng、ing、ong 这些后鼻音韵母的时候，总会偷偷换气，让发音器官的爆破点尽量靠“后”，以便听起来真的就是标准的“普通话”。有几次，听荣艺兄发言，心里暗笑：（普通话）意识到位，（发音）系统不行。我太感同身受。

　　差不多二十年前，“新课程”全面启动。在福建，厦门是先行者。当时我在闽南老家的教育局做事，有几次参与带队到厦门“取经”，其中一站正是荣艺兄担任校长的同安第一实验小学。印象很深，交流的时候，荣艺兄多次提到“身心灵”这个词组，“身心——ling——”“身心——ling——”“身心——ling——”，他在努力把“灵”这个带鼻音韵母“ing”的字读准，读得饱满。

　　这样的发音，十足的“荣艺腔调”。荣艺兄当然不是故意露“ing”之拙。他在身、心之外，还关注到教育的“灵”的维度。

　　“身心和谐发展”或者说“身心健康”是一个相对完整的教育学描

述。在此语境中，人被一分为二，即身与心，身指向物质性存在，如肉身、躯体、血骨等，心则是精神性存在，如心理、情感、思想等——其中包含了"灵"的元素，心即"心灵"。人的生命由此呈现为一种二元结构，彼此呼应、联结共生，同时也可能造成内部的对抗、撕裂和相互否定。

而当"灵"被作为第三个维度，从"心"中独立了出来，那些在身、心二元结构当中容易被忽视、被遮蔽、被弃置的，人的存在中那些不可言说的、不确定的因素、现象，便成为显豁的命题。"灵"，凭依自带的"幽暗气质"和彼岸意志，让理性与逻辑无法通达的诗（思）的黑洞以及各种意识褶皱，成为一门"学问"（关键在这个"问"字）。"灵"，也从"身"那边指认了属于人的本能的、条件反射式的以及科学无法到达的那部分机制，并由此凸显了作为生命载体的"身"的神圣性。所以，我们可以说"一颗心"；说"一颗心灵"，则是可疑的，不成立的——"颗"作为量词，无法框定和容纳"心灵"。

在灵修主义者眼里，"灵"作为最高存在，主导着人的身体、心理乃至潜意识。在哲学上即为神秘主义，在文学上则走向虚灵写作。在我看来，身、心、灵并非三足鼎立，而是相互缠绕、相互规约亦相互辉映、相互对转的关系，仿若"千灯互照，光光交彻"。所谓身、心、灵三维，绝非截然分明的三条线或三个面，它们在共同作用于人的生命存在与成长的过程中，一直隐含着营构第四维的话语冲动，亦即，它们总是自发地挣脱"三重结构"而自我导向"多重结构"。这正是其最为奇异而美妙的地方。

我没有问过荣艺兄，"灵"在他的个人教育学版图上的涌现，是不是源自印度"心灵大师"奥修或者克里希那穆提的启发——20世纪90年代，他们的著作在华人文化圈颇受关注。但我相信，这一定是荣艺兄自我教育之所悟之所得。在他的校长生涯中，"灵"大概也参与定义了他的观念和工作方式。"灵"并不是非"落地"不可，就像一种暗中的力量，一直在，就好：在头上，是光明；在心中，是敬畏；在脚下，是有所不为。

多年后，荣艺兄离开了校长岗位。不过，他的身、心、灵似乎还集注于那段"旧"时光，那段"校长岁月"，并逐步匀出了一个新的身份：教育作家。我很清楚地记得，有一次，同事永通君转来了一组文章，说是荣艺兄的"校长记忆"，建议"在《教师月刊》开个专栏"。我挑了几篇，先"读"为快，深感这些文字有着一种不可多得亦无以复制的个人性和文献价值。作为专栏，这样的文章将为《教师月刊》"贡献"某种新质：它是个人教育史，其中有一位不甘于平庸的校长的思想辗转与精神挣扎，有一位试图做出积极改变的校长在直面各种困境当中不断生成的专业智慧；它也是教育文献，其中呈现的各种事例、方法、数据、概念乃至"常用语"，纠缠着人与整个（教育）环境的对话、驳辩与冲突，既收纳又打开了一个时代的教育密码、一个地方的教育习俗。

大概，这可以看作是荣艺兄重返教育现场的"田野研究"。就写作来说，重返意味着岁月拉开了时空，有笑看风云的淡然，同时避免不了种种遗憾，此其一。其二，重返必须警惕先入为主、预设果因，让可能存在的那种固化的"元经验"扭曲了事实，破坏了真相，甚至，"重返"自身成为一种伪饰、一种"还乡团"行为。其三，重返还需关注"近经验"和"远经验"的问题，它们是美国当代人类学家克利福德·格尔茨在《地方知识》（商务印书馆 2016 年 5 月，杨德睿译）一书中，引用自心理分析学家海因茨·科胡特的概念。格尔茨告诫说："局限于近经验的概念，会使一个民族志学家被直接的事物所淹没，同时搅缠在地方俚语之中无法自拔。而局限于远经验的概念，则会使他搁浅于抽象之中，为专业术语所窒息。"这个告诫，是对民族志学家（或许，说"人类学家"更贴合我们的语境）说的，但同样适用于教育研究者，适用于教育作家——在一定意义上，他们也是民族志学家（人类学家）。

于荣艺兄而言，这样的重返更多的是回到自身，亦即，以当下的自己去审视曾经的自己，去追问当时的人际环境、政策环境、文化心理环境，怎样作用于一位校长的成长、一个教师团队的建设、一所学校的发展。在《地方知识》一书中，针对人类学界因马林诺夫斯基在身后出版的"日记"而引发的争论，格尔茨还提醒说，人类学家无法像一个"土著"那样去"思考、感受、理解"。土著是一个殖民概念，隐含着政治征服、文化侵略、身份歧视等复杂语境。所以格尔茨特别说明，他使用这个词，"取的是'这个词原本、狭隘的定义'"。

我想，格尔茨所要辨认的，是一直栖居于"此地"的人，是拥有"此地"并与之相依为命、同生共长的人，是取食、取用之于"此地"又以全部的身、心、灵反哺于"此地"的人——大概，格尔茨回到了语言的初始地说话。诚如文艺复兴时期法国思想家、作家蒙田所言："我生于此，大部分的祖先也生于此，他们用爱浇灌了这片土地，用他们的姓氏为这片土地命名。"蒙田的写作有一部分是在十六世纪下半叶长达三十几年的法国宗教战争的背景下展开的，他的话有着对可能失去祖传家业的担忧，却也在无意中阐明了写作的一个重要命题：没有"爱"，没有"浇灌"，就没有"命名"的权力和"命名"的能力。

正是在这样的人与土地的关系（爱—浇灌—命名）的意义上，我从荣艺兄的专栏文章集束而成的《教育平衡力》一书中，读到了丰富的地方学校知识、地方教师知识和地方教育学知识。这些"地方知识"，从他所念兹在兹的教育土壤中萌芽，从他自身的思想土地上生长，于是成为其身、心、灵共同作用下的"教育土著"。这样的"教育土著"，是荣艺兄其书，也是荣艺兄其人——是一个人的身、心、灵寻求"平衡"、达成"平衡"又不断打破"平衡"、重建"平衡"的生命产物。

林茶居

2021 年 7 月 13 日

（林茶居，《教师月刊》联合主编，"大夏书系读写节"联合发起人，中国作家协会会员）

上 编

快与慢的平衡：

打造温馨的家园

一 九 九 七 年

这一年，我在兴奋与不安中度过，逐步清晰自己的定位：作为一校之长，要让学校在什么时候都像家一样温馨，需修炼好自己，不断提升化解压力和解决问题的能力。

先让学校松柔下来

一九九七年八月，我接任厦门市同安区实验小学校长。为了尽快进入角色，我利用暑假找了不少老教师闲聊。我惊讶地发现，"紧张"一词频频出现在教师的言语中。我问："紧张什么？"教师的回答出奇一致："怕被训斥！"

这之前，我担任副校长已三年，对教师所提的"紧张"感同身受。每个人都提心吊胆，整天担心因犯错被"训斥"。这种"紧张"具有很强的传染性，领导传染给教师，教师传染给学生、家长，教师之间也互相传染。有一位教师，在每年祭祀母亲时，都要给母亲烧香许愿，请母亲早日将学校那个"仇敌"带到阴曹地府去。"仇敌"是谁？仇恨哪儿来？这不是我所要关心的，我忧虑的是，内部紧张的关系已严重影响学校的正常发展。

同安区实验小学是百年老校，前身系创办于清乾隆二年（一七三七年）的双溪书院，光绪三十年（一九〇四年）改为现代学堂，厦门仅有的一座孔庙曾是校园的一部分（现已建独立围墙）。这样一所富有文化底蕴和历史沉淀的学校，"紧张"的问题从何而来？

再三思量，我的答案是：压力。

那时候，"素质教育"似乎已成主流，而应试压力从来没有消减。路在何方？主抓应试，兼顾素质教育，还是主抓素质教育，兼顾应试？谁也说服不了谁，连自己都说服不了自己。只能说这是一个特别迷茫的时期。

所以，压力来自对办学之路的未知，来自对教育主管部门的疲于应付，来自社会对实验小学的高度期待，来自学校领导创造教育奇迹的迫切愿望，也来自教师专业知识匮乏和专业能力的不足……

各种看得见、看不见的压力，就像一座座大山，压得学校喘不过气来，一切因此显得异常紧张、浮躁。

要化解压力，改变现状，当务之急是先让学校松柔下来，缓和紧张的关系，让学校什么时候都像家一样温馨、舒适。

怎么做到呢？我主要从两个方面切入摸索。

一方面，先让学校安静下来，尽量少折腾。

老子云："静为躁君。"从八月初开始，我就处于兴奋与不安的状态中，兴奋的是自己担任实验小学校长，不安的是找不到让学校静下来的办法。直到八月底，临近开学，我找教师进修学校的蒋大营老师请教，他送给我一句话："多看少说！"揣摩之后，我豁然开朗。新官上任的三把火要烧得特别谨慎，不要高估自己的能力，一上任就想让学校来一个划时代的改变。其实，很多事情并不是校长在短时间内所能改变的。作为校长，我所能做的就是让自己先静下来，多看少说，避免瞎指挥；多看少做，避免瞎折腾。

上任伊始，静看多思，先学会做减法，这是我习得的校长法宝之一。我后来到东渡第二小学、湖里实验小学担任校长，也得益于此。

另一方面，回到教育的正道，以身作则，学会"排毒"，切忌让自己成为压力源。

刚开学不久，就接到来自教育局的一个投诉电话：教育局刚刚在与实验小学之间的那道围墙上安装了不锈钢的栅栏，上面焊着一个个不锈钢球，几个低年级的学生觉得好看，就掰下来玩。接到电话，德育主任马上通过校园高音喇叭，批评了这种行为。可是，第二天，教育局又来电话了，打电话的人口气非常不好，让校长去当面解释清楚。原来，栅栏上的不锈钢球几乎一个也不剩。我到了教育局，局领导觉得我刚上任，就闹出了这么大的事情，于是狠狠地将我"训"了一顿。从教育局出来，我一肚子火：这些小朋友也太不把教育局当回事了，居然敢偷教育局的不锈钢球；低年级的班主任也太不上心了，居然在学校强调之后还出现了这种问题。那一刻，我很想马上把教师和学生找来，训斥一通，但转念一想，还是忍住了。我反复提醒自己：冷静，冷静。

回到学校后，我对整个事件进行了分析，一年级的小朋友好奇心重，而且"我的"和"别人的"界限不清，概念上还比较模糊，这才出现后来把所有不锈钢球全部掰走的结果；德育主任的简单说教对于低年级的小朋友来说，方法不得当，对于事件的控制起不到一点作用。

不过，我没有急于马上"解决"问题，而是通过行政会征求大家的意见，引导大家遇事淡定，不紧张，冷静思考，寻找合适的办法来解决问题。第二周的"国旗下讲话",学校请长期教低年级的一位班主任作主题发言,具体内容已经不记得了,但记得是围绕"如何做一个好孩子"来谈的。随后,学校请工人重新焊了不锈钢球。说来也怪,类似事情再没有发生过。

面对各种压力,校长要有比较强的自我排解能力,而不能将之转嫁到教师身上。道理大家都知道,但落实起来不容易。转嫁压力、转嫁紧张情绪主要通过两个渠道,一个是行动,一个是语言。作为校长,谨言慎行、以身作则至关重要。

非洲野马非常强壮,但是,当遭受吸血蝙蝠攻击时,往往会毙命。这并非因为失血过多,而是因为野马性情暴躁,一旦受到吸血蝙蝠的攻击,立刻紧张万分,怒吼狂奔,最后因精疲力尽而死。

一校之长也一样,看起来"强大",但如果一遭遇外界压力就变得紧张,就马上转嫁压力,学校就可能笼罩在紧张的气氛中,最终将变成阻碍学校发展的"吸血蝙蝠"。

一 九 九 八 年

这一年，我在学校管理上形成初步的理念：学校因人而存在，学校管理即对"人"的管理，一个学校要进步，校长首先必须得到行政人员、教师的认可和支持，而在这一过程中，校长必须真诚、平等地对待每个人。

突破安全距离

新校长的工作新奇而忙碌，一个学期在波澜不惊中过去了。一九九八年，闽南春季的天气与往年一样，潮湿而阴冷。

春节早晨，我开着新买的本田摩托车，和叶朝平书记穿梭在大街小巷，给同事们拜年。叶书记坐在后座，双手紧紧抱着我的腰，这样既安全，又能互相取暖。叶书记大我 19 岁，可以想象，那画面真像一对外出兜风的父子。如今二十年过去了，还有不少老同事经常提起这件事。

当时拜年得挨家挨户串门，不像现在，足不出户，写一条微信，就可以群发给全世界的亲朋好友。我们事先安排好行程，用四天的时间，先城区、后城郊，最后延伸到农村。小县城的居民很质朴，也简单，春节期间，单位的领导到家拜访，他们便觉得特别有面子，左邻右舍也会投来羡慕的眼光。所以拜年时有讲究，必须坐下来寒暄、喝茶、吃茶点，这才是对主人的尊重和诚心。心诚了，以往的一切不和谐都会随之消失；如果停留片刻就走人，则会让主人觉得诚意不够；遇到午餐时间，还必须留下用餐，这样才显得同事之间不见外。

在今天看来，这样的拜年似乎过于俗气，过于功利。不同的环境，不同的历史时期，造就不同的风俗。我非常赞成这样的观点：在农村（包括小县城），人与人之间关系的维系主要依靠情感；在城市，人与人之间关系的维系主要依靠合约。即使抛开这层理解，书记、校长形影相随，邀约学校其他班子成员，一起给同事拜年，一方面，向社会发出信号：我们学校领导关系密切，有凝聚力，而且很尊重教师；另一方面，在拜年的过程中，确实也可以拉近学校班子成员之间的心理距离。心理学研究表明，人与人之间是有一个安全距离的，陌生人的距离大概在 1.2 米，越熟悉、越亲近、越信任的人安全距离越小。那几天，叶书记抱着我的腰，坐在摩托车后座上跟着我到处走，两个人因此很自然地突破了安全距离，成为亲近的人。其他班子成员也一样，在拜年的同行中，拉近了心的距离。

行政班子结伴拜年的做法，随着现代科技的出现而消失。在二〇〇三年，手机短信息出现之后，发信息拜年慢慢替代了串门拜年。当然，人与人之间的关系也逐步从感情过渡到合约。不过，我还是一直非常注意维系同事之间的感情的。

我曾在同安县志上看到一段关于实验小学的记载，上面有这样一段话："一九七三年叶金赞（校长）去世，这时领导班子不团结，教师也分为两派。一九七五年县派工作组进校整顿。"当时非常震撼，到底是因为班子成员不和的程度太夸张，还是因不和而导致学校产生巨大的负面影响，才会在县志上留下这一笔不光彩的记录？受其"刺激"，我几近固执地认为，一所学校要想良性发展，最关键的是班子的团结，班子成员的相互扶持、相互补台。

同安实验小学与区教育局、文物馆（孔庙）、教师进修学校同在一个围墙内，实际占地面积仅有 7000 平方米，却容纳了 32 个班，1600 多名学生，校舍严重不足。为了多腾出一点空间作为教学用房，我和叶朝平书记不谋而合，同时想到共用一间小办公室，为其他行政人员作示范。时代的发展步伐总伴随着观念变化，人们的自我意识越来越突出，不断努力让自己从集体中分离出来，于是"分"就成为一种潮流。

在"分"与"合"的选择上，我和叶书记一致选"合"。每天，不管谁先到，都会主动整理办公室、打开窗户、烧开水、洗茶具，再给对方沏一杯茶置于办公桌上，然后再处理自己的工作。这是无须提醒、无须轮值的默契。平常，他做他的事，我做我的事，互不干扰；累了就停下来歇息，泡一杯茶，两个人隔着茶几品茶闲谈，谈家庭生活、社会见闻，谈学校工作、教育理念。我们都非常享受这种无拘无束的时光，非常享受这种温馨的状态。

校长负责制的管理模式，使得教师、学生、家长都觉得校长是学校的一把手，很少人知道学校是"党委（党支部）领导下的校长负责制"。因此，不管是教师、家长，还是办事人员，一般情况下只找校长，不找书记。遇到不懂礼数的人，进门就围着校长转，把书记晾在一边，就会造成尴尬的局面。我不愿意有这种情况的出现，不管什么人来，我都会介绍这是我们书记，然后请书记一起陪客人谈事。曾经有两位五年级学生家长到办公室找我投诉教师，说教师是她们的邻居，曾经有过过节，所以课堂上有意为难她们的孩子，要求学校处分那位教师。我当然不会听信一面之词，答应她们先了解情况，再作处理。没想到那两人不依不饶，还威胁要告到教育局去，真是秀才遇到兵了。叶书记看到我招架不住，就过来给两位家长倒上热茶，和她们东拉西扯地聊了起来。不一会儿，奇迹出现了，那两人平静下来，不再那么激动。原来叶书记在县城长大，熟人多，其中一位家长是他同学的女儿。书记告诉她们说，学校要处分教师，得上报给教育局，所以要调查清楚事情的始末，达到处分条件的才可上报，"我们会认真调查核实，也会跟这位教师好好沟通的……"。冷静下来的两位家长终于听进去了，解释说是一时激动才会有这样的"过分要求"，"我们的孩子也比较调皮，希望教师一如既往严格要求"。一场风波就这样过去了。

书记校长同一个办公室，遇到高兴的事一起分享，遇到不愉快的事情互相安慰，遇到棘手的事情共同面对，一起想办法解决。有一些私事，也不刻意回避，毕竟，相互了解隐私的人，一定是可以信任的人。从担任校长开始，我都会和每一任书记商量是否可以共用一个办公室，大多数情况下，书记都愿意一起办公。在二十年的校长生涯中，我与书记共用一个办公室有十六年之久。只有在调入东渡二小时，由于环境上的原因，才和张金顺书记分开办公，而与副校长共用一间办公室。

书记校长和睦，班子就团结，学校就和谐，但和谐并不一定就能引领学校进步。我出生于一九六〇年代初，上学时读书很少，走上讲台后，经常为知识贫乏而感到愧对学生，因此，我特别爱学习。先是上电视大学专科，后来又上本科，再后来就迷上了阅读。不管调到哪一所学校，我都会培养行政班子的阅读兴趣，通过行政人员去带动教师阅读。有一位教导主任在读书心得中写道："我这个学期所读的书，比我毕业20年来所读的书还要多；读书让我发现自身的不足，读书让我内心更加丰富。"除了读书之外，课余，我还会与班子成员培养共同的兴趣。叶朝平书记、黄维哲书记热爱乒乓球，放学后我们就围着乒乓球桌训练。那几年，同安实验小学成为同安小学界的乒乓球强队，还曾获得过区赛冠军。陈春满书记喜欢书法，我们就成立了"桐声书画社"，以学校领导班子成员为骨干，将有书法底子的教师都吸引过来，两年下来，成绩喜人。邱志伟（副校长）、苏世荣（美术教师）、杨志云（体育教师）、罗著展（美术教师）和我，都被福建省书法家协会吸收为会员；陈春满（书记）、林珊珊（总务处副主任）成为厦门市书法家协会会员。张金顺书记喜欢阅读和抄写古诗词，我为他的手抄本题写封面，并和东渡二小的教师一起阅读，一起写博客。这样我们便把学校工作、个人兴趣和社会生活紧密结合在一起，日子过得特别丰满。

经常听老前辈感叹"做人一辈子，做官一阵子"，觉得很有道理，更何况小学校长并不是什么官，所以不必为名利所累，应当与"身边人"好好享受工作和生活的乐趣。

一 九 九 九 年

这一年，我在"已阅"中陷入形式管理的魔咒，痛定思痛，我选择了为教师解套。

这一年，各地高举"素质教育"的大旗，通过五花八门的"包装"，把严肃的教育探索变成了一出出闹剧，我虽一时迷惘，但并未迷失，而是独立思考，认清形势，坚定地走自己的路。

从"已阅"中解套

记得老校长和我办理移交工作时，除了交给我一枚学校公章外，还顺带送给我一枚精致的木印章，上面雕刻着"已阅"两字。她郑重其事地说，这两枚印章都很重要，一枚代表学校，一枚代表校长。公章代表学校，谁都知道，但"已阅"代表校长是怎么回事呢？我猜想，应该是用于校长处理公文和校务的吧？校长向我揭开谜底：用于检查教案。

是啊，教案作为衡量教师工作认真与否的重要指标，传承久远，深受上级教育主管部门和学校领导的青睐。每次检查、评估、验收，教案质量无不是必查项目。

接任校长后，我依葫芦画瓢，试图以规范教师的教案书写为抓手，来提升教学质量：随堂听课时，查教师的教案；评优评先时，查当年的教案；职称评聘时，查近三年的教案。特别是每逢学期末，教案更要审核合格，教师才能离校。期末一到，我的繁忙时刻也跟着到，每天得在教案本上盖"已阅"。全校100来位教师，11个学科，300多本教案，我必须在期末那几天"已阅"完毕。

每个学期盖两万多个"已阅"，如此巨量的重复性动作，受罪的不仅仅是手指（磨出了老茧），更重要的是我的时间和精力都被深深地套进"已阅"里。我不由反思，这样做有意义吗？答案很明白：为了防止教师备课马虎，为了提升教学质量……再苦也要坚持！

后来，为了从"已阅"中解脱出来，让自己能多出一些时间做更重要的事，我将检查教案的任务分摊给各处室主任，每人承担一部分。

我终于从"已阅"中解脱出来了，处室主任却套了进去。

一九九九年暑假前一周，教导主任递给我两份教案，说："校长，请您抽点时间检查这两份教案。"

我接过教案一看：一份是数学的，共三本；一份是语文的，只有一本。为了不让我见到教师的名字，他特地抽去了讲义夹上用于署名的小卡片。

我用了20分钟时间，浏览完两份教案：那份数学教案写得很规范，完全可以当成优秀教案范本；而语文的那一份却全然相反，随意、潦草。

我不大明白教导主任此举的用意，向他投去询问的眼光。

他狡黠地笑了笑，问我说："你觉得这两份教案怎么样？"

"这还用说，谁都能看出数学教案写得好，语文教案写得不好。"

他又抛出第二个问题："你能判断出哪一个教师教得好吗？"

此时，我终于明白教导主任想说什么，不外就是教案写得好，书不一定教得好；教案没写好，书不一定教得差。但是，当他说出两位教师的名字时，我还真是大吃了一惊：这两份教案的主人都是老教师，那位教案不认真的语文教师教学质量一直很好，而那位教案认真写的数学教师却是年年垫底。

这种巨大的反差颠覆了我的认知，我不得不对写教案再次进行反思。

我分别找了两位老教师了解情况，试图通过对他们的行为分析，来厘清教案与教学质量之间的关系，解决"已阅"教案给教师和行政所造成的困扰。

当我把教案放在那位数学教师面前时，她得意地、毫不掩饰地告诉我："这是我老公帮我抄写的，字写得很漂亮吧！"我直接无语了。

我又找了那位语文教师。她很不好意思，不断地检讨自己，表示今后一定会认真对待。我问她："你的教案没写好，为什么能够教出好成绩呢？"她想了一会儿，说："校长，你不生气，我才敢实话实说。"我说："你放心，我是来请教的。"见我真诚的样子，她说："我们一线教师都非常忙，根本没有多少时间备课，哪还有时间认真写教案啊！写教案只是为了应付检查。其实，上课时，我是不看这份教案的，而是看课本。我真正的'教案'就在课本上。"说着，她顺手递给我一本翻烂了的课本。

翻开那本破旧的课本，我被感动了。原来，这课本已经被她用了好几轮，空白处，都注满了大小不一的各色文字。她告诉我，书上的那些内容，是她每年留下的备课痕迹：教授新课前，把课文分析、教学设想、重点难点知识点都注在上面，教完之后，又将教学时的所思所想所得补充上去。这样，年复一年，竟把课本的每一空白处都写满了。

我恍然大悟，原来备课效果与教师是否用心有关，而与教案的形式并无多大关联。

当时，写教案用的活页纸由学校提供，教案只能靠教师手写。为了防止教师偷工减料，拿旧教案充数，我必须在每一页教案上盖上"已阅"。实事求是地讲，我并没有真正"已阅"过任何一页内容，只不过在上面留下一个印迹而已。教案质量我无从了解，只好从教案本的厚度来判断教师备课的态度。实际上，"已阅"的意义，在于杜绝了教师重复使用旧教案，仅此而已。

"已阅"如一张巨网，把校长、处室主任和教师都网了进去。

从那位语文教师那里，我得到启示，基本厘清了备课、教案与教学之间的关系。一方面，教案是备课的外在形式，是课堂教学的备忘录，两者关系密切；另一方面，备课与教案又无法相互替代，在实际教学中，有教案而无备课的现象不在少数。学校通过"已阅"教案来逼迫教师备课，其实是一种隔靴搔痒的无效行为，白白浪费教师宝贵的时间，又根本无法达成提升教学质量的目的。

学校管理如何从指向教案转移到指向备课？这道难题困扰我好长时间。

在同安第一实验小学，一位教师至少得任教三、四个科目，每周总课时数一般都在 14 节课以上。每天，教师除了正常的备课、上课、批改作业外，还要导优辅差、做学生思想工作以及处理日常的学校事务，繁重的工作量让许多教师窗前的灯光每天都亮到深夜。因此，很多教师的教案不是自己的备课所得，而是抄袭教案集，甚至是请家人帮忙抄写而来的。

一九九九年，学校"指导—自主学习"课题研究已进入成熟与收获阶段。开放式课堂教学成为当时的主流，"先学后教""超前续后""让学生学会做学问"等教学方法，使学生的个性得到比较充分的展现。教师与学生课前都要熟悉教材，查找许多与教材相关的资料。此时，传统的教案根本无法比较全面、详细地记录备课内容：教师的教学必须尊重学习的主体——学生，而学生对于学习内容的难点、重点、兴趣点往往与教师的预设有出入，加上课堂上师生互动而生成问题的变数很大，往往难以捕捉。此时，教案的形式如果不改变，将会阻碍课题研究的发展进程。淡化整齐划一的教案书写格式，追求个性化教案势在必行。

此时，学校做出决定：教龄五年以上的教师，可以把查找的相关资料、备课内容、教学程序直接注写在课本的空白之处，不必再写那种规范的教案。学校对教师备课的检查主要以行政听随堂课以及不定时教学常规检查为主。这种做法立即得到所有教师的拥护。因为，它不仅没有降低教师备课的质量要求，而且符合"指导—自主学习"课题以学生为主体的精神，还可以减轻教师大量抄写教案的负担。这一规定实行几年后，教师的各种束缚得到解放，工作积极性和主动性有了很大提高，教育教学水平、教研能力产生了质的飞跃，办学效益硕果累累。

几年后，这次教案呈现形式改革的缺陷渐渐显露出来，主要是：教师上课的随意性比较大，容易在课堂上偏离主题；教师之间缺乏有序交流，优劣之间没能起到较好的互补作用；一些教师对于如何写规范的教案已经生疏，老教师已经拿不出优秀的教案范本供新教师学习。这又一次制约了学校的发展，寻找备课与教案的出路，再次摆在我们面前。

二〇〇四年秋季，为了提高全校教师水平，保证课堂教学质量，学校又对写教案的规定做了一些调整：发挥备课组的集体力量，备课组长根据小组成员的数量，将本册教科书分成相应的几部分，每个备课组的成员各承担其中的一部分，进行深入细致的备课，查找资料，确定教法，安排教学程序，设计作业，写成教案，然后拷贝在年段电脑上供其他教师参考。每星期举行一次集体备课活动，根据教学进度，负责该部分的教师要提前做好准备，在备课组活动中进行关于备课设想的主题发言，其他教师再根据自己的教学经验、教材理解和学生实际等，提出各自不同的意见和建议，经过讨论，形成比较统一的认识，再由主笔教师进行修改，让教案成为备课组集体智慧的结晶。这份教案供备课组全体共同使用，每位教师还要从自己的班情、学情等实际出发，做适当的调整，以便更合乎本人的教学风格。教学任务完成后，每位教师还要根据上课的实际情况，写一份简单的教学反思，以备今后取长补短，使得教案越来越完善，逐步成为学校的一份宝贵财产。

这样的做法，教师不但在交流中得到锻炼，提高教育教学水平，而且并不增加工作负担，就能够拥有一份比较切合实际的、高质量的教案。

当时，以备课组为单位创制集体教案，能够成为推动学校教育教学质量、提高教育科研水平的动力，但并不代表随着时间的推移、教育的进步，这种做法一定还能适应。

现在，我和老教师一起聊天，常常会聊到那时的教案改革，他们经常感慨地对我说："校长，你大胆地把教师从教案中解脱出来，你就很快地赢得了教师的拥护，因此很快迎来了学校的全面高速发展。"

任何改革，都不可能完美，但只要立足人的解放，才有可能释放出发展的能量，至于伴随而来的问题，只要方向对，慢慢调整就可以了。

走出迷惘

一九九六年，我对汨罗的素质教育一心向往，希望能前去参观学习。等待了三年，也就是一九九九年，终于成行。

一周的行程，安排两天进行考察。时间很短，无法深入，但考察时的一些场景，却深深刻在心里，不因二十年岁月的冲刷而消失。据汨罗教育局统计，那几年，他们接待的教育考察团达 14 万人次，主要是国内各地教育局的团队，也有来自国外的宾客。我们与一个来自上海的考察团同时到达，于是和他们结伴同行。那天中午，我们来到汨罗教育局，不见有人接待，但可自由进入接待室观看录像，接待室内座无虚席，都是来自各地的"取经者"，他们有的闭目养神，有的小声交谈，只有少部分人在观看录像。我找不到位置坐，就站在过道上看，据说讲话的人是教育局主要领导，讲话内容尽围绕着"四率"（入学率、巩固率、合格率、升学率）、"两基"评估的一些数据，并无新意。接待室外面的过道上有书待售，我花了100多元抢了一套。说是书，其实是教育局各项统计数据的汇编而已。

我们还考察了两所学校，一所农村完小，一所农村中心小学。进入校门，我有一种穿越感，好像回到了我上小学时的场景，一切都显得那么熟悉：操场长满了杂草；教室外到处是树叶、纸屑；教室内的情况大体相同，几乎找不到一块干净的地砖；学校极力向大家推介电脑室，仔细一看，学生电脑都没有服务器，显示器上也堆积着厚厚的一层灰，几乎看不出外壳的底色。在校园里逛完一圈，接待人将我们带到会议室，继续听学校有关"四率"的介绍，或许是因为劳累，或许是因为数据太枯燥，或许是因为失望，会场上很快传来了一阵很响的呼噜声，抬头一看，是一位女校长睡着了。会议室外面同样在出售数据汇编书，只不过，人们已经没有了原来的冲动。

怀揣一颗朝拜之心，来到了中国素质教育的"圣地"，可是所见所闻，让我即迷惘又失望。难道这就是素质教育？难道这就是我们国家要的素质教育？难道"四率"加"职业教育"就是素质教育？如果是，那发达地区、沿海地区的教育，不是早已进入了"后素质教育"时代？从没有过这么真切地体验过耳闻与目睹之间会存在如此巨大的差距；也从没有这么真切地感受到人与人之间的见解差别竟有如此不同；那时候，我脑中闪过一种念头，从今往后不再相信媒体宣传。

紧接着就是五天的湖南之旅。今天，当时的景色和经历只剩下一点点的记忆残片，印象最深的不是景区，而是在张家界宾馆内，与我同房的大同小学的黄校长被水烫伤，手背上起了个拇指大小的水泡，我到处买不到烫伤药，那情景真是无助又紧张，所以也就记得特别牢。

黄校长被烫伤，责任并不在于宾馆服务存在漏洞，而在于宾馆设施先进，先进到超出临近退休的黄校长的生活经验。他不懂得使用冷暖水龙头，才导致被烫伤。当然这也不能说是黄校长的过错，没有经历、不懂得使用也完全正常。不正常的是笑话黄校长无知，或者批评宾馆管理不善。

让我记忆深刻的还有，当我们上山下山跨过无数个台阶，走过十里画廊，来到旅游车上后，许多人腰酸背痛，累得快趴下了。于是，有人开始发表见解说，张家界不好，还是马王堆好；有人附和，有人反对，有人觉得都好，有人觉得都不好……各说各的理由，谁也无法说服谁。在争论中，汽车不知不觉就到了宾馆。

怎么会有这么多不同的，甚至相反的见解呢？张家界、马王堆，原本是两个不同时空的景物，没有什么可比性。张家界是自然奇观，马王堆是历史珍宝，比什么，怎么比？为什么硬要将两者列为比较的对象呢？

人人心中都有一把尺子，人们不知不觉地用它衡量自己的所见所闻。很少有人会意识到，心中的那把尺子可能不准确、不完善，并不是什么都可以进行衡量的，也并不是衡量什么都是准确的。当我考察汨罗的素质教育时，我拿厦门的标准去衡量它，这本身就不公平，因为二者之间没有可比性，它们如同张家界和马王堆一样，属于两个不同时空的事物。汨罗教育已在最大程度上实现了让更多的人有学上，有书读，并能在学得一技之长后养家糊口，过上比原来更幸福的生活。这是教育为国家、为社会、为个人所能承担的最大的责任，我没有理由笑话它。

一九九九年还有几件事。六月十三日，中共中央、国务院颁布《关于深化教育改革全面推进素质教育的决定》。一时间，深化素质教育的新举措、新方法不断推出，"减负"再一次成为推进素质教育的试刀石。秋季刚刚开学，学生的书包就成为全国新闻报道的焦点，很多教育局官员、学校领导的注意力开始聚集学生书包，试图通过书包减重的方法，一举解决十几年来屡禁不止的"学生过重课业负担"问题。九月初，一家报纸报道了北京一所名小学给学生书包称重量的新闻，于是，大江南北纷纷效仿，并花样翻新，厦门当然也不例外。后来，督查组为了方便，改用了弹簧秤，再后来就直接进教室翻看学生的书包。学校必须严格按照督查组反馈的意见进行整改，否则，就要说明情况，接受再教育。

既然推进素质教育与重量相关，那么肯定也可以和时间相关联。在此理念的影响下，开始不断出现限制学生作业时间的规定：一、二年级不得留书面家庭作业，三至六年级各科课外作业总时间不超过一小时……于是，经常接到家长的投诉电话，有的反映教师布置作业太多，有的反映作业布置太少。

学生课桌椅摆放的方式由平行的竖排，变成了 U 字形，又变成了圆桌会议型；黑板由原来的只有讲台一面，变成了前后两面，又变成了四面到处挂满小黑板……

素质教育的推进，热闹非凡，"改变"成为主题，"仿效"成为方法。人们蜂拥而上，研究"素质"，把"素质"当成教育的终极目标，并用"素质"这个目标，指导、衡量、评价"教育"的实践过程。"目标"和"实践"是两个不同领域的概念，人们却把它们生硬地结合起来。

有了比较深入的思考，我不再被纷纷扰扰的各种教育形势变化所左右，而是根据自己的理解，走自己的路。邓小平"三个面向"的教育方针其实已经很明确地为教育指出了努力的目标，至于实现教育目标的道路和方法，则各有各的基础，各有各的理解，各有各的方式方法。

在那个时代，汨罗成为素质教育的圣地，也对。教育圣地是一种精神象征，是一种教育乌托邦，并非要成为教育质量最先进的地方。我不也是从这个圣地吸取经验，获得自信，才逐步形成今天的办学理念和教育思想的吗？

二〇〇〇年

这一年，课题研究引领学校走出迷惘，找到了努力的目标。因为是民间课题实验，无须忙着开题、中期汇报、结题汇报，忙着填报各种表册，忙着展示，反而能够静下心来进行反思、修正，再反思、再修正，葆有教育的活力和生命力。

这一年，学校开始了新教材实验的孤独之旅，这一过程可谓刻骨铭心。不得不说，任何实验都是一种冒险，往往付出了劳动和代价，却难以获得相应的回报。

充满活力的课题之旅

无论如何，新世纪的开始，对于同安第一实验小学来说，尤其值得记忆，不是因为新而带来的巨变，而是课题研究引领学校走出迷惘，找到了努力的目标。

二〇〇〇年五月，叶金标老师参加福建省教育厅举办的小学数学教学比赛。他执教的《数据的收集与整理》荣获全省第一名。

十一月上旬，"福建省'指导—自主学习'课题及新教材实验成果展示会"在同安第一实验小学召开。来自全省各地 100 多位教师和专家参加了活动，学校三位教师上汇报课，其他教师的课堂也都向客人开放。我在大会上介绍了实践"指导—自主学习"的经验，福建省电教馆的张文质老师点评并进行讲演。

一时间，省内外同行纷纷前来交流学习；不少专家、教授也前来考察。同安第一实验小学的课堂教学改革，好像突然就成为福建省小学教育改革的标杆。

在交流过程中，很多人都问我同一个问题："你是如何让一所百年老校焕发青春活力的？"这个问题看似简单，其实不然，因为提问的人已经无意识地预设好了答案——"是你的领导有方，才促使学校进步的"。这个问题的角度很让校长受用，一般都会不知不觉地顺着问题的梯子往上爬，甚至爬到天上去，享受飘飘然的神仙感觉。教育界的造神能力完全不亚于社会的其他领域，其中恐怕也有这种感觉的诱惑。

那时，我虽然很自信，也骄傲，但还算比较清醒，不愿意成为那个"神"，所以，我总这样回答：让百年老校焕发青春活力的不是我，而是"指导—自主学习"课题，它为我们打开了视野，让我们在迷惘中看到践行素质教育的希望；更重要的是，我们终于有了一个共同的目标，让全校教师心往一处想，劲儿往一处使。

二〇〇〇年前后，"指导—自主学习"在福建省教育界闻名遐迩。课题专家余文森、王永、张文质，时称"福建教育改革三剑客"。"指导—自主学习"是他们以漳州数学教师纪秀卿的课堂原型为基础，提炼出的一种自主、高效的教学方法。一九九八年，我参加福建省校长高级研修班学习时认识了这三位专家。应我的邀请，一九九九年五月二十三日，王永、张义质到漳州龙海实小进行课题指导，回福州的路上顺道来到我们学校开设讲座。从此，"指导—自主学习"的理念便播种在同安第一实验小学这块沃土上，并为同安第一实验小学带来不小的变化。

"超前断后"是王永老师反复强调的"指导—自主学习"的核心理念。这种"在教师的指导下超前学习，当堂完成，不留课后作业"的做法，已被课题组奉为金科玉律。可是，教师在教学实践中总觉得"断后"有局限性，限制了师生学习和探索知识的时空，不利于学生的发展，同时也让课题研究遇到了瓶颈。挑战专家的核心理论需要很大的勇气和底气，叶金标、洪延平、翁海芳、王耀红等教师找到我，说出了他们的疑惑，我非常赞赏他们的研究精神，告诉他们，"断后"指的应该是当堂的知识当堂完成，不留尾巴，这只是一种美好的愿望，因为很多问题是没有办法当堂解决的，必须留待学生课后去思考与实践，甚至有些问题还会伴随学生一生。所以，你们是对的，应该大胆突破课题的局限，去寻找更多解决问题的途径。

在认识上取得一致后，他们便开始尝试在保持"超前"学习的基础上，突破"断后"的底线，并取得了突破性的发展。韩老师的"生活识字法"，把识字场所从课堂延伸到家庭、社区、社会，一年级的小朋友，在短短的一个半月，就平均认识了700多个字。颜芳春老师的"天天数学"，将数学与语文相结合，大大提升了学生学习的积极性。洪延平老师的语文课，打通了课内与课外的界限，把课堂学习延伸到课外阅读，又将课外阅读引入到课堂学习中。

后来，王永老师又到学校来进行指导，听了几位教师的课和经验介绍后，特别激动，夸他们敢于怀疑专家的观点，能够大胆尝试自己的理念，丰富了"指导—自主学习"课题的内涵，"这才是真正有思想的教师"。

不少教师的课上得有特色，有深度。二〇〇一年七月三日，洪延平老师带领四年级三班的53位同学，参加福建东南电视台《有你有我》栏目，部分家长、教师和学校行政被邀请作为现场嘉宾。在演播厅，洪老师和她的学生现场上了五年级上册的《琥珀》一课，展示自主学习的风采。张萍芳教授、王永老师、张文质老师进行点评。

张文质老师是教育学者，也是诗人，他特别重视对学生的人文关怀。他经常说到同安第一实验小学的课间，"孩子们吵吵闹闹、拱来拱去"，他觉得这个场面特别符合孩子们好动的天性，体现了生命活力。在惠安螺城中心小学，我第一次听到他这样夸同安第一实验小学的课间活动，感觉脸上有光；后来又有几次听到同样的夸奖内容，我已没有了欣喜的感觉。我知道，张文质老师所说的"孩子们吵吵闹闹、拱来拱去"，是有其特定情景性的，是针对那种沉闷的学校氛围而言的，他强调的是要顺应儿童的身心特点，呼唤童真童趣。我也清楚，学校教育不能完全迎合学生的天性，而要引导他们从自然人顺利地过渡到社会人，所以要教育他们学会约束自己的不良行为，否则，学校教育将没有存在的必要。因此，我提出，要让学生过一个轻松愉快的课间十分钟，开展收集、学习、玩耍闽南游戏的活动，把传统游戏引入课间。

课题研究没有什么金科玉律，如果有的话，我觉得是"发现问题，解决问题"。所以，我们学校的课题研究，"没有模式，但一定要有个性"。也就是因为有这样的认同，才有"指导—自主学习"课题在许多方法上的突破和理念上的更新。

在课题实验的过程中，教师们可以这样认为，也可以那样认为，可以采取这种教学方式，也可以采取那种教学方式，最要紧的是充分保证课题实践与研究的自由度。教师能够敞开胸怀，容纳不同观点、欣赏不同做法，谁也不会凌驾于别人的思考与实践之上。正因为这样，越来越多的教师在课题实验中不断尝试、探索，形成自己的教育教学风格，比如，洪延平的"做学问"、叶妙婕的"书写与习惯"、翁海芳的"课前三分钟"、林亚真的"数学生活化"、曾清达的"数学创新思维"、高泉树的"文学教育"、王聘婷的"正面教育"、蔡亚滨的"家校互动"，等等，这些不同的教学风格已慢慢沉淀为同安第一实验小学多元的教育教学文化。

那年，福建省"指导—自主学习"课题组发生了较大的变化，"福建教育改革三剑客"同时出现的频率越来越少。后来，余文森、王永两位老师因工作忙，到我们学校的次数慢慢变少。二〇〇一年，福建师范大学获批成立"教育部福建师范大学基础教育课程研究基地"，余文森担任主任，开始做"新课程与学习方式转变"的课题研究，我被聘为专家指导组核心成员，二〇〇二年又被聘为兼职研究员。时代的变迁，课题的更换，教育教学理念的变化……一切来得那么迅猛，让一线教师应接不暇。许多原"指导—自主学习"课题实验学校因为跟不上发展的脚步，失去了研究的信心和动力，从此退出，销声匿迹。于是，"指导—自主学习"在福建省画上了一个惊叹号。

不过，同安第一实验小学的教师在乎的是能不能坚守"指导—自主学习"这一目标。我是不善应变的人，所以和教师一样，紧紧守住"指导—自主学习"课题的研究与实践。

自从成立"课程研究基地"之后，专家的注意力更多地集中在课程的落实上，而很少关注课堂了，所以"新课程与学习方式转变"的课题名存实亡，几乎没有进入实验教师的心里，更没有进入课堂，同时也缺乏一定的理论指导。与此同时，张文质老师开始自己的教育实践探索。

我与张文质老师比较投缘，也就一直跟随着他，和他共同经历了艰难的探索过程。失去"指导—自主学习"这个具有官方立项背景的课题，张老师便北上寻求课题支持。于是，北京师范大学肖川教授的"主体道德教育的实践研究"成为我们的总课题，但是，这个课题与"指导—自主学习"的理念完全不同，于是我们就挂着肖川教授的课题头衔，研究着"指导—自主学习"的内容。二〇〇一年，张文质老师在黄克剑老师"生命化教育"思想的启发下，开始研究、实践"生命化教育"，我们也就开始了"生命化教育"的实验。这个课题并没有经过官方的立项审批，完全是"民间行为"，没想到，这反而让我们有了更广阔的驰骋空间。

当年的教育科研环境比较自由，民间课题研究同样受到人们的尊重和认可，不像现在这样遭到排斥和围堵。首先，"民间课题"最主要的优点在于，参加课题实验的学校、教师没有功利心，都是因志同道合而走到一起的，这样我们更容易走进对方的心里，更容易欣赏对方的长处，也更容易从别人身上学习、吸收优点。其次，"民间立场"让我们有足够宽广的空间和自由灵活的组织形式。那段时间，我一下子"结识"了很多学校——泉州第二实验小学、惠安螺城中心小学、仙游郊尾中心小学、古田县城关中心小学、闽侯白沙中心小学、福州仓山区中心小学等，很多有教育操守的教育者也是当时结识的。在这个课题组内，每个人都得到别人的认可，每个人都有自己对课题独到的见解和教学个性。我们互相交流，互相学习，互相欣赏，互相促进。这是一个特别温馨的课题研究组织，所以大家进步都非常大。

这样的"民间立场"，让我们做到了"无志于外，有志于内；无志于用，有志于体"，看上去似乎是以无志为志，其实是可以因时因地而制宜，在平凡的生活中品味生命的美感，人生亦因此而立于不败之地。

另外，坚持"民间立场"，让我们的课题可以不受官方影响，能够长时间地做下去，其实，坚守才是课题实验得以成功的根本保证。现在的课题实验，在时间上一般为一年，最长也不过三年，每个课题都忙着开题、中期汇报、结题汇报，忙着填报各种表册，忙着展示，很少有人能够静下心来进行反思、修正、再反思、再修正，所以现在很多课题没有一点儿活力和生命力。

虽然当年的课题名称不断变化，课题思想不断更新，使课题的实验和研究遇到不少困难，但我一直没有放弃引导学生自主学习的初衷，只是把"生命化教育""主体道德教育"这两个课题的思想，充实到"指导—自主学习"课题的实验中来，丰富了它的内涵。

孤独的新教材实验之旅

担任同安第一实验小学校长三年后，这所百年老校开始出现生机勃勃的景象，一切显得那么顺利，那么美好。我渐渐从不自信中走出来，也开始高估自己的能力，高估学校的办学水平。人一旦内心膨胀，便容易冒进。一九九九年，学校开始使用北京师范大学新世纪义务教育课程标准试验教科书就是一种冒进。

这套教科书是二〇〇一年首批进入国家课程改革实验区的教材，二〇〇二年开始在 20 多个省的 100 多个省级实验区推广，使用学生超过 100 万。也就是说，同安第一实验小学使用北师大版试验教科书，比全国其他地方早了整整三年的时间。

一九九九年上半年，正当同安第一实验小学的"指导—自主学习"课题实验风生水起之时，省里的课改专家王永老师带来了一个"好"消息，大概是说，"教育部要打破人教社教材出版一家垄断的局面，允许其他有能力的优质出版社编写自己的教材"，"北师大出版社开始编写一套小学试验教科书，要在福建省找一所学校进行实验，你们学校有基础，有热情，想把实验校放在你们这儿"。我一下子被王老师的话打动了。其一，福建省才一所实验学校，名额少，机会难得；其二，同安第一实验小学"指导—自主学习"课题都能做到全省最好，教材实验肯定也没问题；其三，学校可以借此走出福建，走向全国。

这么大的诱惑，我一口应承下来。那段时间，我像打了鸡血一样，不断追着王永老师问，什么时候北师大版试验教科书能够定稿，还说决定一年段几个班级都全面参与实验。还是王老师比较冷静，他和我商量说，我们对新教材的编排还不了解，如果实验不成功，会影响学校、影响学生的，还是先从一个班开始，如果效果好，再增加班级。我们采纳了他的建议，毕竟他经历得多，又是我们省的教改专家。

一九九九年秋季，同安第一实验小学一年级的语文、数学正式使用北师大版试验教材。

实验班级任课教师的安排成为当时教导处最头痛的一件事。都安排优秀教师，不能准确反映试验教材的使用效果；都安排一般教师的话，又担心得不到家长的认可，最后决定采用新老搭配的方式。韩老师教语文，担任班主任。韩老师对于低年级的教材、教法、课堂组织、家校联系等非常熟悉，又有责任心和上进心，是一位很聪慧的教师。叶老师教数学，叶老师毕业一年，曾教过低年级两个班的数学，教学经验不足，对教材教法不是很熟悉，教学效果一般，人比较文静，但刻苦好学。学校希望韩老师能够在专家的带领下，脱颖而出，形成自己的教学风格，叶老师能够在实验过程中得到更多的帮助，尽快地成长起来。

新教材实验一开始，就遇到很大的困难。

没有教学参考资料。以前，每位教师都有一两本教学参考书，教学目标、重点难点、教学方法，甚至连板书都罗列得很清楚，只要按照要求去上课，一般都不会有太大问题。没有教学参考书，一切都得依靠自己，从熟悉教材、分析教材、确定重点难点，到选择教学方法、写教学反思……消耗了教师太多的时间和精力。

没有配套练习。一年级虽说不能布置书面家庭作业，但课堂作业还是不能没有的。教师除了研究教材、写实验心得等日常事务外，还多了一项编写作业的任务。一年级学生，识字不多，还不会抄写作业。教师要将作业的题目写在黑板上，指导学生抄写，一个班级的学生那么多，每个孩子是否能抄写清楚都是问题。有时候作业需要印刷，但一年级的作业中图形特别多，只能教师自己画，然后再复印，既费时又不精美。这些都考验着教师的功夫。这也是一项无比艰巨的任务。

专家指导远水解不了近渴。王永、张文质等教改专家都远在福州，一个学期能来两趟，已经很不容易了。这样当然很难见效，发现问题、解决问题都不深入、不彻底。倒是同安教师进修学校小学教研室主任、数学特级教师杨辉容老师非常重视新教材的使用情况，经常带领教研员过来听课指导，可是对他们来说，新教材也是新生事物。

语文学科方面，韩老师的实验获得了很好的收效。北师大版试验教材先识字后拼音的编排，虽然给长期教低年级的韩老师造成一定的干扰，但她及时调整策略，抛开拼音的束缚，把识字教学从课内延伸到课外，采取识字晋级的方法，激发孩子自主识字的兴趣，充分调动孩子学习的积极性和主动性，仅仅用了半个学期的时间，就使学生的识字量多达 800 个字。在此基础上，她总结出了"生活识字法"，通过向同学识字、向社会习字、向家长习字、向媒体习字等途径，突破了传统识字方法，得到了专家的认可和推崇。

数学学科方面，叶老师因为刚入职一年，在她还没有充分熟悉有效的教学常规、课堂常规的情况下，就贸然将实验任务交给了她，让她不堪重负。她自己学不到东西不说，学生的基础也打得很不扎实。虽然有杨辉容老师的指导，但效果一直很不好。

尽管如此，我们实验新教材的热情没有消减。我们放大了韩老师的成功经验，而把数学学科的失败归咎于新教师没经验，认为只要教师够优秀，实验肯定能成功。第二年，第一个实验班升入二年级，韩老师继续教语文，骨干教师王耀红教数学，新一年级的四个班全面使用北师大版试验教材。

二〇〇〇年年底，收到韩老师的一封来信，信中的一段话让我至今难以平静："自一九九八年产假过后，我便无休止地上起公开课来。孩子尚在吃奶，我便承担起《守株待兔》《江上渔者》这两次大型公开课。一九九九年开始承担一年级北师大版试验教材的教学任务，在师生仅有一本书的情况下，摸着石头过河，还要经常性地上各级各类的公开课，还得承受试验教材遭排斥之苦，备课之累，出卷、出练习之累，上公开课之累，自读自考之累，带小孩之累，有谁能懂，有谁能真心体会？要不是公公婆婆全心做好后勤工作，我这一脆弱之躯早已倒下。就说上学期吧，从第四周开始，我便每周一节公开课，甚至前一天打个电话通知我第二天开课，我呢，可谓'兵来将挡，水来土掩'，甚至可以说'逆来顺受'！"

只有亲身经历，才会有刻骨铭心的感受，由于在当时，整个福建省仅有我们学校实验新教材，也可以这样说，使用北师大版试验教材的仅有韩老师和叶老师两个人，试想，她们那孱弱的身躯，怎么能够扛起这艰巨的任务？但她们毕竟扛起来了——而且，韩老师还真的走出了自己的一条路——但是，她们有点像脱离了群体的人（没有教研组、备课组），一切依靠自己，孤独地在荒野上寻找出路，寂寞、恐惧、无助、紧张，无时无刻不在袭击着她们。

　　教师个人感到孤立无援，学校也一样孤独。自一九九九年至二〇〇四年的五年里，学校的日常教学，与同安区甚至整个厦门的小学教育界显得格格不入，教材编排思想不一样，教材结构、内容和教学进度不一样，导致课堂教学比赛、区域教研活动、质量抽测等都无法与市、区两级的活动相融合……当时的厦门，几乎所有学校使用的都是人教版教材，教育主管部门、教科研部门必须顾全大局，无法为我们另开小灶。特别是到了毕业考，全区统一一张卷子，所有考试的内容都出自人教版教材。这就给学校、学生都带来了很大的问题，教师也失去了不少评优、评先的机会。

　　可以说，付出了劳动和代价，并没有得到相应的回报。二〇〇四年秋季，学校结束了北师大版试验教材的使用。

　　北师大版试验教材"兴趣先导、学会学习、整体推进、文化积累"的编写指导思想很好；教师参与教材实验，经历了其他学校、其他教师没机会尝试的人生阅历也很好。"好"与"坏"的标准究竟从何而来？是阶段适用，还是永恒不变？这永远困扰着我。

二〇〇一年

这一年，"把学校办成温馨的家园"成为的我任职追求。倾听、理解、宽容、信任、赞赏、关爱……这些富有人文韵致的词汇，逐步进入到我的学校管理中，我想借此来唤回早已失去的而又是学校之所以成为学校的最本质的精神，使学校成为师生共同成长的温馨家园。

这一年，我习惯了当听众，并从中悟道：作为一位管理者，除了"善言"外，我还应当是一位"善听"者。

这一年，一位优秀教师的来信刺痛了我：偏爱，一旦走得太偏，极有可能变成"偏害"。怎么走出"偏害"优秀教师的误区呢？我开始探索教师队伍整体提升的管理策略。

打造温馨的家园

对课题的一些思考应用于课堂上，居然获得了很大的收效，经过一个多月的课堂实践，我的教育理念和教学方法很受学生欢迎，他们学习语文的主动性和积极性被调动起来，特别是写作水平有了比较大的进步。

春节过后，我白天上课、听课、处理学校事务，晚上悉心照顾父亲，日复一日。一段时间后，原本身体很好的我，变虚弱了，每次回四楼办公室，看到楼梯就害怕爬不动，即使如此，我还是尽可能做到尽孝与尽职两全。因为我的不懈努力和老师们的积极参与，"生命化教育"课题实验得到了省专家的高度评价，我也被聘为福建师范大学基础教育课程研究中心研究员。可是，我父亲却未能与我分享成功的喜悦，于六月四日与世长辞……

也许是因为父亲的情况，也许是因为我的工作精神打动了评委，也许是因为"生命化教育"的课题实验取得了成效，我如愿获得了"福建省先进教育工作者"这个荣誉。如果没有父亲的不幸，我是否还能够评上"先进"，我是无从知道的。但是，一想起此事，我惭愧多于欣喜。

七月，妻子终于下定决心离开（之所以说是"下定决心"，是因为以前有几次调动的机会，她都拒绝了）即将倒闭的厦门同安进出口贸易公司，参加湖里区教育局会计核算中心的会计考试。她已进入不惑之年，从一个熟悉的地方，调到一个完全陌生的地方，完全陌生的领域，那需要有多大的决心啊！自从调动之后，她自己，乃至整个家庭的生活发生了很大的变化，她每天挤公交车奔波于同安和湖里之间，来回七八十公里，早晨五点多起床，晚上七点多回到家里。不到一年的时间，她变得又黑又瘦，体重只剩下 35 公斤，许多同学都认不出她了。

不幸只有发生在自己的身上，才能够真切地体会那份痛感。那时，全国各地关闭、倒闭的企业何止成千上万，下岗工人何止千万，然而，我们觉得距离很远，很难想象他们下岗后的实际生活状况，只是看到一些数据而已，至于数据背后的艰辛，每个人的理解千差万别，只有自己遇上了，才知道其中的苦。

那一年，"生命化教育"的倡导者张文质老师经常到学校来，我与他便有了更多的接触机会，追随他一起进行探索和研究，"生命化教育"的内涵就是在那段时间慢慢凝聚的："'生命化教育'是对可能更健全的生命的成全，是随顺人的生命自然的教育，是个性化的教育，是人的心灵觉悟的教育，是一种范本教育。""生命比任何知识、规则、纪律，甚至荣誉、被许诺的未来的发展与幸福的可能性，比所有的一切都更神圣。"因为父亲的离开，这些理念更深深地促动了我的灵魂，也逐步成为我管理学校的核心理念，让我在后面十几年的教育生涯中，不断反省自己，更多地去关注学生和教师的生命状态。就是从那一年起，"把学校办成温馨的家园"成为的我任职追求。

倾听、理解、宽容、信任、赞赏、关爱……这些富有人文韵致的词汇，逐步进入到我的学校管理中，我想借此来唤回早已失去的而又是学校之所以成为学校的最本质的精神，使学校成为师生共同的温馨家园。

九月，新学期刚刚开始，一年级的教师情绪低落，对学校布置的工作经常有反对意见，甚至为承担上研讨课的任务而委屈、流泪。我特意安排了一次年级教师会，会上不指责、不批评，不提工作之事，只倾听和记录。"一年级的工作原本就复杂，加上还得参加各级举办的培训，承担研讨课的任务，压力太大，实在不堪重负。""孩子年纪还小，特别依赖母亲，家庭负担重，学校又突然实行坐班制，整天都疲于奔命。""为了让一年级学生养成好习惯，我们每天早上都提前半个小时到校，下午提前四十分钟进入班级，放学回家都较晚，跟自己的孩子都难得有相处的机会，说不定哪天孩子跟自己的妈妈疏远了。"……说到动情处，有的教师泪水溢满了眼眶。听着听着，我忽然觉得，作为学校领导，我只重视他们的付出，而漠视了他们应有的幸福追求。于是，我把这件事提请校务会研究，领导层一致同意出台新规，在没课的情况下，子女未上幼儿园的女教师，可以提前回家陪伴孩子。

这次"谈话"以后，虽然一年级教师的工作量并没有减少，但她们都能特别开心地接受和完成任务。为何如此？道理其实很简单：在学校理解教师苦衷的同时，教师也理解了学校的苦衷。

教师无忧，才能全身心地投入到教育教学当中。我辗转从黄国耀老师那儿知道，叶金标老师说，为这样的一个知心知冷暖的校长干活，再累也无憾。为什么这么说呢？后来才知道，他的小孩，当时户口还没有转到城里来，无法入学，我经过多方努力，帮助他解决了孩子的就学问题。那几年，一共解决了18位教师子女的就学问题。

关心教师的成长，也是打造温馨家园的一个重要内容。自二○○一年起，同安第一实验小学陆续产生了三名特级教师，六名小学中学高级教师。当时，一所学校能够在短短的几年里就评上这么多高级、特级教师，在整个福建省是绝无仅有的。记得是二○○七年，厦门市委、市政府要评选首届10名优秀校长和30名优秀教师，当时达到申报条件的有我、周小青、朱素丽三位，周小青老师选择退出，理由是一所学校不可能三位教师都评上，她要把机会让给我，我反复动员都没效果，最后，我对她说，"如果你不参评，我会内疚一辈子的，与其这样，不如我退出来，你参评"。她这才同意三个人一起参评。结果出乎意料，我们三个人都评上了。

我经常对教师说，个人的身体健康最重要，要摆在第一位，第二是家庭，第三才是工作。没有身体的健康，就难有幸福的家庭和出色的工作。教师压力大，学校事务多，但再苦再累也不要心苦心累。

不着急，先听再说

二〇〇一年秋季开学不久，我连续接到几位学生家长的投诉电话，反映五年级汤老师日常的一些"非教育"行为：动不动就在课堂上辱骂学生，还经常顺带将家长也骂了；放学后经常留学生到很晚，故意不让学生准时回家吃饭；动不动就体罚或变相体罚学生；家长找她理论时，她火气很大，和家长直接吵起架来，像妇女骂街……

接到投诉之后，我心里很难受，毕竟汤老师是同安第一实验小学的老教师，又是教研组长，怎么能这样对待学生呢？我下决心找一个适当的机会把她请到办公室，好好地沟通一下。

我查了一下全校功课表，汤老师刚好周二上午第一节有课，其他三节课有空。我把她请到了校长办公室。

汤老师应约到办公室，只见她怒气冲冲，刚一进门，我还没请她坐下，就开始发飙："校长，我知道你叫我来的目的，不就是想批评我吗？那些学生家长也太过分了！孩子表现不好，批评他们是为了他们好，竟然打电话说我坏话！……"她一边说，一边坐到沙发上，脸色非常难看。

我赶紧离开办公桌，坐在她侧面的沙发上，一边给她泡茶喝，一边听她叽里呱啦地数落家长：

"现在的学生家长素质真差，无原则宠爱孩子，孩子一个个都宠到天上去了！"

"自己不管教就算了，还容不得教师批评教育！"

"现在的教师真难啊！又要提高教育质量，又要让我们布置作业时掐准时间，你说能做到吗？"

"学生表现不好，作业不完成，我就说他们两句，放学留下他们批评教育，家长就闹到你这儿来！"

"现在的社会是越来越不尊重教师了！"

……

汤老师越说越激动，我完全插不上话，这种局面让我非常纠结。原本想批评她，没想到我却成了她发泄情绪的对象，随着时间的推移，她的垃圾情绪越倒越多，我内心跟着越来越狂躁，但又不好表现出来，特别压抑。我觉得必须想办法让她的情绪降温下来，才能改变那种痛苦的氛围。我克制情绪，继续充当听众，通过偶尔地点头表示"赞同""理解"来舒缓和安抚她激愤的情绪。

一个小时过去了，我换了几泡新茶，汤老师继续倒着苦水，而情绪慢慢从激愤变成伤感：

"校长，其实我觉得自己已经跟不上形势，怎么这教师当得越来越累？"

"你看我教过的学生，他们今年考上大学的那么多，那么懂事，都打电话给我报喜呢！"

"我真的很想把书教好，让更多的学生考上大学！"

"可是，今非昔比，人心不古啊！"

说到这儿，汤老师泪如雨奔……

汤老师充满无奈的伤感，也感染了我，我的眼角早已湿润。

汤老师原来有一个儿子，十年前出了车祸，那时才八岁，虽然救了过来，但和植物人差不了多少。今年，孩子已经十八岁了，但生活还是不能自理。和她孩子同龄的孩子，今年刚好考大学。我知道她把对儿子的期待迁移到学生身上了，并偏离教师的角色，进入母亲的角色，所以才会有那么多的"非教育"现象出现。

放学钟声敲响了，汤老师才停止述说。估计她觉得很不好意思，很真诚地对我说："对不起校长，我刚才失态了。不过，和你说说话，我心情好多了。我知道自己不应该那样对待学生，我一定努力改正，你放心吧！我有分寸的！"

整个谈话过程，我几乎没有说话，两个多小时都是汤老师在讲。但是结果却出乎我的意料，她竟然自己觉悟了。我很怀疑，这是不是老子所谓的"大音希声"？

后来，汤老师经常光临校长室，我也成为她唯一的听众，一边给她泡茶、斟茶，一边和她聊天。她每次聊天没有什么固定的主题，有点像王蒙的意识流小说，情绪随谈话内容变化而变化，有时平静，有时激动，有时高兴，有时伤心……在聊天的过程中，我一般都是听众，用心去倾听，偶尔点头表示理解、赞同，偶尔为她续茶……慢慢地，汤老师的投诉电话没有了。

有一天，我听一位语文特级教师上《伯牙绝弦》，当教师讲到"子期死，伯牙破琴绝弦，终身不复鼓"时，伯牙那种知音难觅的感受感动了在场的师生。其实，我的感动并非来自伯牙的专情，而是来自钟子期的"善听"。那一刻，我忽然联想到汤老师，她的反常情绪大概也是知音难觅的缘故吧！

从古至今，人们把所有的溢美之情献给了"善言"者，比如《晏婴使楚》《舌战群儒》……没有人关注过"善听"者。当今社会，更是"善言"者的天下，"善言"成为升官发财的重要品质。学校教育也以培养"善言"者为目标，什么"把课堂还给学生"、什么"一节课，教师的讲课超过十分钟就不是好课"、什么"学生竞选"……人人都想表达自己的观点，人人都想通过"善言"去影响他人，很少有人能够静下心来倾听。

作为校长，"善言"也成为我管理学校的重要手段，习惯于以"善言"者自居，不管台上台下，"善言"的角色从未改变。

汤老师的转变和钟子期的"善听"给了我启迪。作为一位管理者，除了"善言"外，我还应当是一位"善听"者，在与教师接触的过程中，多倾听他们的心声，多通过倾听化解学校领导与一线教师之间的隔阂。

从那之后，我经常告诫自己，"不着急，先听再说"。经历了一个阶段的磨练，慢慢地，我养成了"善听"的习惯。许多教师都愿意找我喝茶聊天，都喜欢向我诉苦，向我倾倒不良情绪。我也从中练就了化解不良情绪的特殊能力。

"善听"品质给了我极大的收获，我不仅能从别人的"言"中学到经验、获取新知，我还能从别人的"言"中得到启发，寻得发展道路；最重要的是，我的学校管理越来越轻松，教师在轻松的氛围下，个性得到解放，探索精神得到激发，学校形成良性发展。

有了这样的经历，在我管理的学校里，我非常重视学生"善听"习惯的培养，注重学生"善听"能力的提升。

莫让偏爱变偏害

每天早晨，老门卫都会送来一大摞信件，轻轻放在我的办公桌上，然后和我打声招呼就离开。那天，他却没有马上离开，从那叠信件中抽出一封，放在我面前说："这一封可能比较重要！"我能理解他的用心，他是担心我不拆那封信看，就直接扔进垃圾筐里，因为他知道每天送给我的大多是"垃圾邮件"，连看都不用看的。

我非常好奇，什么年代了，还有谁会给我写信呢？我接过那封信，拿在手里，感觉厚厚的，有点分量。信封很漂亮，一看就知道是精心挑选的，信封上的钢笔行楷很娟秀，让我有一种似曾相识的感觉，上面盖的邮戳显示是本地寄的。

我小心地拆开信封，抽出信纸，翻到最后一页查看署名。哦！原来是韩老师。她怎么会给我写信呢？我们在学校里每天都见面，有什么话不能当面说呢？带着许多疑问，我一口气把信读完了，然后数一数，竟然写了八张 A3 纸。

校长：

您好！

最近休息在家，尽胡思乱想，以至于一向"单向思维"的我变得"多向思维，逆向思维"了，现在倒好，竟一头钻进死胡同里，出不来了！

……

"淡泊明志，宁静致远"是我的座右铭，我努力工作，目的并不在于功名利禄，而是，对得起信任我的您；对得起信任我的家长、学生；对得起我的家人。因为，我总想着，当别人在他们面前提及我的时候，能让他们感到欣慰，这便足矣！

为着这些十分单纯的目的，我默默地工作着，学校交给我的那些大大小小的公开课，不论时间多紧迫，任务多繁重，我都会毫无怨言承担下来。自一九九八年产假过后，我便无休止地上起公开课来。孩子尚在吃奶，我便承担起《守株待兔》《江上渔者》这两次大型公开课。一九九九年开始承担一年级北师大版试验教材的教学任务，在师生仅有一本书的情况下，摸着石头过河，还要经常性地上各级各类的公开课……备课之累，出卷、出练习之累，上公开课之累，自读自考之累，带小孩之累，有谁能懂，有谁能真心体会？……

……

我是一个一年级班主任，如今不仅未能较好地完成教学任务，教学质量不好，更严重的是，一个学期快过去了，学生的行为习惯、礼仪习惯、学习习惯的养成教育无法得到落实。我觉得特别对不起学生和家长，对不起信任自己的学校；更无法面对亲人那伤心、担心、忧心的脸……

我每晚每晚无法入眠，现在变得精神恍惚，在别人面前抬不起头。作为一名教师，我很怕见到学生和家长，也很怕同事和学校领导。在自己无法解脱、精神接近崩溃时，才想起用信的方式向您倾诉。

……

对不起，这牢骚话一说完，我便解脱了，心情好多了，事情也就过去了，打上了句号。过往的事我便不会再去想了，而您也别理会我这些胡言乱语，看完后把这封信往垃圾堆一扔，别往心里去！

真心祝您健康！如意！

韩老师的信如一把锐利的锥子，让我有锥心般的疼痛。我清楚，像她这样单纯、热爱教育的优秀教师，是很难容忍自己工作上的瑕疵的，更难以容忍学校交给的任务自己无力承担。这种心理压力如果不及时得到化解，很容易压抑成心理问题。

作为校长，我必须帮助她渡过这一关。

我给她回了一封信，内容有三个方面：

一是向她表示歉意，我在工作中不知不觉给她增加负担，让她不堪重负，给她造成了伤害。二是用中国知识分了"修身、齐家、治国、平天下"的家国情怀开导她：在人生的道路上，身心健康永远排在第一位，家庭和谐居第二位，然后才能更好地为学生、家长服务。三是开导她要拥有一个宽容的胸怀，不仅宽容给她造成压力的学校、校长，更要宽容在百忙中疏远了学生的自己。宽容自己最难，宽容自己等于善待亲人、成全学生……

受韩老师情绪的感染，这封回信我写得极其用心、诚恳，希望能够通过自己的真诚打动她，让她尽快恢复原来的自信和活力。

信发出去之后，我又找来一年级的段长，通过她去动员一年级教师多给韩老师打打电话、聊聊天，关心韩老师的身体和生活；动员韩老师班级的学生，给韩老师制作贺卡，祝愿韩老师早日康复……

细致地关爱，耐心地等待，一段时间后，韩老师又回到了学校，她已经找回了原来的那份自信与快乐。

自从接到韩老师的信之后，我便开始思考，优秀教师在学校的生存状态，以及校长如何保护和善待优秀教师。

九十年代初，中国教育打破了唯分数论的壁垒后，进入了素质教育探索阶段，一场教育改革开放从此拉开序幕。教育迎来了前所未有的发展，而教师也面临着前所未有的压力，尤其是作为学校骨干力量的优秀教师。这部分教师大多正当壮年，他们既是学校的中坚，又是家庭的脊梁，身心压力不言而喻。

韩老师就是优秀教师中的一员。她的文化素质很好，有灵气，教育教学质量拔尖，是小学语文省级学科带头人。一九九八年就参加福建省"指导—自主学习"课题研究，一九九九年，又参与了北京师范大学新世纪义务教育课程标准实验教科书实验，属于教学改革中第一个敢于吃螃蟹的人。

当时，北师大试验教科书还没有通过教育部审批，其实只属于实验前的试验。所以，教育教学资源极端匮乏，北师大出版社只提供一本师生共用的试验教科书，在没有教师教学参考书，没有学生配套练习册，没有教师实验前培训的情况下，韩老师像孤独的实验者一样，摸着石子过河。

　　作为校长的我，只关注能够拿到一个新教材实验学校的名额不容易，只关注课题研究能够提升学校的综合竞争力，只关注学校出名了，校长跟着出名，却忘了关注实验教师要比别人付出多得多的工作压力。别人备课有教材教参、教案集……，她们只能对照教材课程标准，在解读教材、熟悉教材、吃透教材的基础上备课写教案；别人布置作业有统一购买的配套练习册，而她们必须在备课的基础上，一课一课地整理学生的练习作业，并打印成练习提纲供学生使用；当别人拿着整齐的学生练习册批改时，她们却一张一张地收集学生的作业，还要教会一年级的小朋友学会整理提纲，放在文件夹内防止丢失，因为一旦丢失，学生的材料就很难补齐……除了正常的教学以外，作为实验教师，她们还要记录实验情况，写实验日记，还要到处去上公开课、示范课，传授实验经验……

　　越反思，我越觉得自己管理不够人道：为了学校的声誉，为了自己的教育理想，更为了让上级对自己有一个良好的评价，不断去榨干优秀教师的心血。

　　一九九七年担任校长之后，虽然我一直追求人性化管理，但在实际管理过程中，却不知不觉地滑向"功利化"管理的轨道。和所有校长一样，我偏爱优秀教师，他们教育教学水平高，又很少计较个人得失。所以，学校有难度、有挑战性的工作，一般都会交给他们才放心；重要的、迫切的工作，首先想到的也是他们。因为他们能不负众望，为学校争得荣誉。久而久之，这种管理方式便不知不觉地成为我的习惯，而对于优秀教师的关爱也变成了一句空话。如此循环往复，优秀教师的工作负担越来越重，压力越来越大，直至不堪重负，身心健康出现问题。实际上，这是在过度消费优秀教师的教育生命。

有人说，优秀教师是学校发展的宝贵财富；也有人说，优秀教师是学校发展的动力之源。这种说法非常好，但是，我却把他们当成是学校和校长的面子：只注重通过他们来给学校，给自己挣面子，而很少去关爱这些"面子"，也很少去考虑"面子"的感受。就如给"脸部"化浓妆一样的道理，很多人为了好看，不断给"脸部"涂上厚厚的激素化妆品。结果，短时间内，"脸部"是好看了，可是，久而久之，脸部的皮肤却受到了伤害，老化得特别快。

我明白了，我对于优秀教师的管理也是一种短视行为，在短时间内学校有了一定的名声，但是，从长远来看，对学校的发展是相当不利的。一是，学校教师优劣两极分化严重；二是，优秀教师在重压下，身心俱疲；三是，教师工作负担不平衡、机会不平衡会导致人心不平衡。

从那以后，我决定改变偏爱优秀教师的做法，开始探索学校教师队伍整体提升的管理策略，把优秀教师从无穷无尽的工作压力中解放出来，引导他们将主要精力放在"传帮带"上面，带领其他教师一起成长。

二 〇 〇 二 年

这一年，我看开了，知道怎么看待校长的身份，知道"放下"意味着什么。做教育，过于纠结得失，反而难修正果。

这一年，我深刻体会到：冲动是魔鬼，凡事要三思而后行，尤其是做教育，急不得。世间诸事，欲进，不妨先退。

"校长不就是一张纸的事吗"

有一些习以为常的话，因觉得离自己很遥远，故从来不放在心上；只有当发生在自己身上，才觉得是至理名言。

二〇〇二年春节刚过，正月初九中午，我的三位新店学区的同学到同安区拜访领导（当时新店学区所在的翔安区还没有从同安区分离出去），中午的饭局邀我作陪。因为是周末，大家比较放得开，再加上新店人的热情，我们喝了不少酒，饭桌上气氛融洽而热烈。饭足酒酣时，一位领导突然嗖地站起来，抓起酒杯用力往桌子一拍，指着我的鼻子大声说道："校长不就是一张纸的事吗！"领导在毫无征兆的情况下突然发飙，顿时，气氛凝结到了冰点。我何曾见过这样尴尬的场面，一下子被吓傻了，不知该如何应对好。还好有人赶快出来打圆场，提醒我以后一定要记得补请领导吃饭，气氛很快又恢复了正常。当时，我很羞愧，恨不得有一条缝可以钻进去。可我不敢离开，如坐针毡地陪他们继续聊天、喝酒……

"校长不就是一张纸的事吗！"这浅显的话语背后，究竟隐藏着怎样的社会现象和深刻的人生哲理呢？我以前从来没去深究过，也就没有太多的感悟，如今领导的一句话，让我醍醐灌顶，是啊，我们又有几人能够跳出"一张纸"？从还在母亲的肚子里开始，直到烧成灰，回归于自然，都离不开"一张纸"：准生、出生、死亡一张纸；身份、职称、荣誉一张纸；结婚、财产、地位一张纸……"一张纸"的命运，谁能逃遁！

"一张纸"作为一种物质存在，不管对谁来说都是公平的。但是，自从人们赋予其意义之后，它的内涵就发生了根本性的变化。不同的人赋予其不同的内涵，不同的人因其而有不同的梦想、不同的悲喜。正因为如此，才会出现铺天盖地的假证制作市场，很多大街小巷的电线杆和墙上贴满了贩售"证件"的小广告。人们称之为"牛皮癣"——它确实顽固，花再大的力气也无法根除。

"牛皮癣"难除，可"一张纸"是否失去，却在于人的一念之间。于是，我想，既然我的人生无法逃离这"一张纸"，那么，我是否可以尝试追求"不以'纸'喜、不以'纸'忧"的人生呢？

那年四月三日，我们一行九人来到北京，成为厦门市首批赴京挂职学习的校长，分别在北京朝阳区、崇文区的八所中小学担任校长助理，任期两个月。

北京教育有一种先天的自信与包容。我们在京期间，可谓零距离接触到北京最真实的教育，最真实的学校，最真实的校长与教师。这是一种全方位的学习过程，我们不仅进入课堂听课，参与学校行政会，还参观过许多学校，拜访过许多校长，偶尔参加市、区两级的教育教学研讨活动。那两个月，北京校长的教育情怀、教育理念和办学思想极大地触动了我。时过境迁，那些相对高深、枯燥的思想和理念在记忆中越来越模糊，倒是有一些教育之外的细节让我大开眼界，至今记忆犹深。

闽南的学校，整天开着门窗，只要从走廊经过，就能清楚地看到里面的一切。而北京的学校，不管是教室，还是办公室，大抵门窗终日紧闭，校长室也不例外。一天，我们去一所学校拜访校长，一位主任给我们带路，来到校长室门口，主任先轻轻地敲了两下门，听到校长说"请进"，才带我们进去。校长热情地请我们"坐下"，主任为我们每人端上一大杯茶，给校长的杯子续上水，然后轻轻地弓腰倒着走，退出校长室，轻轻关上了门。在此期间，还有一位教师过来汇报工作，同样恭恭敬敬地敲门进来，恭恭敬敬地倒着出去。

从老师见校长的过程中，我们感受到的不仅仅是中国传统的礼仪，还有京城教师对校长的敬重。这种敬重还体现在校长办学理念的落实上，教师在许多场合，不管是评课，还是会议发言，或者是经验介绍，都会自觉不自觉地引用校长"名言"，可以看出校长的话语深入人心。

一方水土养一方人，一方人有一方文化。南北的文化差异导致了南北校长办学思想、教育理念、领导风格、身份地位存在较大的差异。但是，深陷于"一张纸"的处境应该一样，因为我没有从他们身上找到打开心结的范本。

六月一日儿童节那天，挂职期满，我带着问题无法得到解答的遗憾回到了厦门，回到原来的环境和状态。

七月三日"闭学式"那天晚上，我请叶朝平书记小酌，将自己纠结于"一张纸"的烦恼告诉他，希望能从他身上得到答案。老书记先是一脸轻松地安慰我说："你任职以来，做得这么好，学校进步这么大，你完全不必担心领导会用'一张纸'把你免掉的。"接着开导我说："当校长也不是难事，只要你明白自己所处的位置就行。要懂得被人'忽悠'，也要懂得'忽悠'人。"他见我听不明白，就说得更浅显些："就是我们坐在台下，明知道在被'忽悠'，也要表现得很相信、恭敬的样子；然后你就照此样子去'忽悠'人！"我终于有点明白，当校长必须有强大的定力，要懂得揣着明白装糊涂，并把它凝练在"忽悠"二字上面。老书记教我的是一种管理者的"术"，不同的人有不同的管理之"术"，有的"唯上"，有的"唯书"，也有的"唯风"，还有的"跟着感觉走"……

"术"是思想的外化，有什么样的思想就会有与之相应的"术"。但是，用"术"去解决"心"的问题，显然是本末倒置，我必须从"心"中去寻觅解脱的办法。

春节前，我一九八四年在柑岭小学任教时教过的学生邵信作来访，他初中辍学之后到杏林区的一个雨伞加工厂打工，回柑岭老家时经常会顺道找我坐一坐，后来和我失联了五年。那次突然出现在我眼前的，已是一位法名叫普尊的出家人。往日的学生成了布道人，我一时无法转换过来，他只和我说自己出家是机缘巧合——我没有追根究底，后来从他的同学那里了解到，他辍学打工是为了帮助考上中专的哥哥——那时我们谈了好长时间，他对我说得最多的一个词是"放下"。一切烦恼都源自放不下，在他看来，不管是做教师还是做校长，在出家人眼里都是在做功德，是为了引导孩子走上正道，成为一个有用的人，这也相当于成全了一个家庭。他还说，做功德在于真心，能做多少就做多少，绝不能勉强……

是啊，如果能这样看待校长的身份，哪里还会在得失间纠结。我的心结，似乎解开了。

这是一个耻于言志的时代。其实，立志不必远大，而是在俗世中活出一个独立的自我，即给自己的人生找一个方向，不求纸上的"我"，但求那个问心无愧的我！

不惑之年的冲动

子曰："三十而立，四十而不惑。"人到了 40 岁，经历了世事磨砺，岁月洗礼，应该变得成熟而沉稳，理智而清醒。然而，40岁那年，我却是激情多于沉稳，冲动多于冷静，由此而招致了巨大的压力和无尽的烦恼。

二〇〇二年是我担任同安第一实验小学校长的第五个年头，五年的心血和打拼，终于使一所百年老校焕发出青春的活力——教师有追求、学生有活力、学校有效益，得到了家长和社会的赞誉，可谓声名远播。特别是"指导—自主学习""生命化教育"等综合性课题实验，得到许多教育专家、学者的一致好评，常常有省内外同行前来"取经"，一切显得生机勃勃。在这样的氛围下，不管是领导，还是教师，都自信满满，充满了激情和力量。然而，"日中则昃，月满则亏"，成功往往尾随着妄自尊大，兴盛的副产品经常是冒进。

那年八月，侨胞陈美玲捐资 60 万元，计划在教师宿舍楼边上兴建一座综合楼，总建筑面积为 3000 多平方米，这对于生均建筑面积不足 3 平方米的学校来说，无疑是一个很大的促进和提升。不过，这次建设，却给我个人带来了挥之不去的噩梦。

在当时，校舍建设每平方米 800 元左右，建一栋 3000 多平方米的综合楼所需的资金不下 250 万元，而陈美玲的捐款只有 60 万元，其余近 200 万元的资金哪里来？这在当时，是一个巨大的数字。那时，同安区经济还不发达，财政收入不多，而需要建设的项目太多，能保证教师工资正常发放就已经不容易了，根本不可能再拨出 200 万元给学校建校舍。那个时候的中国学校，很大程度上可以说是依靠社会集资建起来的。然而，那股捐资的热情，随着市场经济的到来消减殆尽。所以，想通过社会捐助的方式来筹集资金，已时机不再，行不通了。

一方面是学校办学条件的改善，另一方面是资金筹措的艰巨。在这样的两难处境中，我们还是选择迎着困难而上，把项目先争取下来，再慢慢筹集资金。因为我们这代人从小所受的教育和环境熏陶就是"有条件上，没条件创造条件也要上"。学校领导班子下这样的决心，虽然承担着压力和风险，但也心存成功的希望。当时，学校收费虽说正在逐年规范，但还是允许收取片外生的借读费。学校可以通过增加班级数和班生数来扩大招生数，增加学位，通过招收片外生来收取借读费；另一方面，学校每年还可通过六一儿童节募捐，动员各相关单位捐款。按估计，此两项每年可收取近 100 万元，两年基本可以弥补资金的不足。

于是，在资金还未到位的情况下，就开始设计、招标、建设——这种做法，在今天是不可想象的，而当时却属正常现象。资金的募集同步展开，两年共筹集到 150 万元，一部用于综合楼的建设，另一部分用于改造操场、更新设备等。

同安第一实验小学是厦门市创办最早的小学，二〇〇四年是学校的百年诞辰。学校想借此机会办一个隆重的庆典，这同样需要资金。于是，二〇〇三年秋季，这座名为"福华楼"的综合楼刚刚建好，我们便决定一年级增加一个班，以此来收取更多的借读费。那年，所收的片外生借读费达到了 126 万元，不仅可以还清福华楼的工程款，还能有富余的资金用于百年校庆。

然而，人算不如天算，二〇〇四年春季开学不久（四月），接到上级通知：上学期所收的借读费必须退还给学生家长。这真是晴空霹雳，我和学校财务跑遍了教育局、财政局、物价局，说破了嘴皮也没用，二〇〇三年所收的借读费就这样一分不剩地退还了家长。由于时间已过去一个多学期，钱花出去了不少，所以退钱的时候，把学校的公用资金都搭上了，才刚刚退清。而福华楼还有 60 万元的工程款未结清，就只能拖欠建筑工程公司了。

从这一年起，学校的资金非常紧，难以维持正常的运作，连一些小修缮都无法进行。承建福华楼的建筑公司，由于被我们学校拖欠了 60 万元，无法给农民工结清工资，他们隔三差五就跑到学校来讨薪，有时哀求学校早点给，有时则威胁要将农民工带来，让学校无法正常上课……建筑公司的每一次要钱，对我来说，都是一次炼狱之旅。那种难堪、压力、无能为力，今天的校长恐怕是无法想象的，也是无法明白的。二〇〇四年的百年校庆，"简朴而隆重"。

这种梦魇般的日子整整过了三年，直到二〇〇七年，我即将调离同安时，区财政局才拨给学校 60 万元以还清欠款，给这件事画上了句号。

人的一生充满着选择，是选择就会有对错，而做什么样的选择总会受到当时社会环境的影响。生于六〇年代初的我，从小受到的教育离不开英雄主义，不是树立崇高、远大的理想，就是"欲与天公试比高"的情怀，英雄情结已经渗入我们这一代人的血液。堂·吉诃德式的人物对于我们来说，并非笑话。所以，当时的选择是必然而自然的，是难以避免的。然而，作为成人，特别是校长，应当成为一个独立的人，有独立的思考，懂得知难而退，懂得有所为有所不为。

换作今天，如果再面临这样的情况，我一定毫不犹豫地选择拒绝。因为我已明白三点：一是我已经知道自己的"斤两"，我没有自己想象中的那样有能量，无法承担起建设学校的重任；二是校舍建设的责任在于政府，校舍不好并非校长的过错，校长充其量只有反映、呼吁、争取的责任；三是校长的主要职责在于管理好学校的人、财、物，提升学校的办学效益。"越界"施展所谓的能力，一不小心就是给自己挖坑。

冲动是魔鬼，凡事要三思而后行，尤其是做教育，急不得。有时候等一等，耕耘好自己的一亩三分地，时机到了，一切自然水到渠成。这件事之后，我变得保守了，一有冒进的念头，便似乎有一个声音在耳畔响起：欲进，不妨先退！

中编

强与弱的平衡：

引出人性的善美

二〇〇三年

这一年，一件正确的蠢事刺激我反思：作为教育工作者，没有儿童意识，是一件多么危险的事情！当一个教师真正有了儿童意识，他遇到学生调皮捣蛋时，就不会轻易生气，而更多的是考虑如何帮助学生、引导学生。这里面有一个深刻的教育道理：孩子常常是在不断犯错中成长起来的。

没有儿童意识，是危险的

　　每年六一儿童节，为了表示关心和重视，各级主管部门都有一个慰问贫困儿童的活动。各校上报名单，上级给每一位贫困儿童发放一定的慰问金，用于购买书包、文具等学习用品。二〇〇三年，学校按惯例在六一庆祝会上，安排了一个发放慰问品的环节。慰问品在舞台上排成一列，共有 12 份，每个年级两份。当主持人请同学们上台领取慰问品时，除了一年级的小朋友很高兴，屁颠屁颠跑上台去，其他年级的孩子都磨磨蹭蹭的，等边上的老师催促了才极不情愿地上了台。我将慰问品一一交到这些学生的手里，有一种感觉很明显：大多数同学低着头，并不愿意接受这些他们平时很想得到的学习用品，其中几个同学的眼眶还噙着泪水。此时，主持人不假思索地加上了这么一句话："同学们，这是社会对于我们少年儿童的关爱，看，获得慰问品的同学都感动得眼含泪花！"话音刚落，"啪"的一声，一名六年级的孩子把慰问品扔在地上，头也不回地走了。

　　猛然间，我意识到了，我做了一件极其愚蠢的事。

这种慰问贫困儿童的方式，看似富有人道主义关怀，其实蕴藏着一种不人道的伤害。有哪个孩子愿意从小就被冠以"贫困生"的身份，而且还要赤裸裸地暴露在全校同学面前？从心理学的角度看，这样的刺激，对于当事人来说，不外有两种结果：第一是导致他们变得极度敏感和自卑；第二是导致他们对家庭、对社会产生不满情绪，甚至是仇视心理。

　　从此以后，我所任职的学校，不再出现如此慰问学生的做法。那些需要帮助的孩子，必须和其他同学一样，通过努力来获得奖励，而且，这样的奖励是分散到各种荣誉当中的——只是他们获得的荣誉，比其他同学会容易一点。

　　作为校长，是否有耐心倾听的意识和习惯，也是很重要的。一次，上课预备铃已响，同学们都赶着往教室里面跑，一位刚入学的一年级学生却在围墙边的绿化带上小便。看到我来了，一点儿也没有不好意思，还很有礼貌地打招呼："校长好！"我觉得奇怪，说："你怎么在这里小便？很不文明的！"他一脸无辜："我在给小树施肥呢！""给小树施肥？"我只好耐心地对他说："小便直接浇在小树上是不行的，会将小树烧死的。"当时也没办法跟他解释清楚，粪便经过发酵才可以作为肥料。"我知道了，我的尿刚尿出来是热的，所以会把小树烧死，我以后再也不这样做了。"他一副恍然大悟的样子。

　　我看到的是孩子的怪诞行为，以此判断他是一位不文明的孩子，而孩子的眼里却只有小树，没有成人世界里的各种规范。所以呢，虽然已经当了多年的教师，觉得自己很懂孩子，其实往往只是一知半解而已。

一天中午，我赶着要去教育局开会，刚刚走出办公室，就听到孩子们嬉戏的吵闹声。寻声而去，到了教学楼三楼，终于发现声源传出的地方。在一个教室里，两个女生在看书，四个男生在玩纸飞机，他们一边追"飞机"，一边高兴地叫着跳着。正是午休时间，怎能不守纪律，打扰他人休息！于是，我严肃地说："原来是你们在这里叫嚷！"其中跟我比较熟悉的孩子 Z 马上答道："没有啊，我们没有叫啊！"这时墙角边传来"有啦——"的声音，原来有两个学生眼尖，看到我走过来，就赶紧躲起来了。Z 还是不承认："哪有啊？我们哪有叫嚷，我们只是在玩飞机而已。"这时，我火气直往上冒，Z 明明犯了错误还不肯承认，这还了得。由于要赶时间去开会，我强忍着怒火，吩咐他们安静下来。我临走时，Z 还嘟嚷了一句："我们真的没有叫嚷啊……"

这件事让我百思不得其解，整个下午都无法专心听会议内容。在我的印象中，Z 这孩子很单纯，很有上进心，怎么会在我面前撒谎呢？是我听错了吗？显然不是，我确信自己不仅听到，而且看到，连墙角边的两个学生都"承认"了，为什么他还不断争辩，显出那种无辜的样子呢？是因为担心给我留下不好的印象而狡辩？还是担心我把这件事告诉家长，受到家长责怪？或者是认为自己和校长比较熟悉，校长会相信他的谎话？还是想在同学当中充当老大"挺身而出"，不惜顶撞校长？

到底是什么原因让这个孩子撒谎？当晚，我终于在蒙台梭利的《童年的秘密》一书里找到了答案：当时的 Z，正陶醉在创造的兴奋之中，他们折出了纸飞机，并让它飞了起来，这是一个倾注了自己的劳动和智慧的产物，他已经被这个小东西吸引住了，并全神贯注于它。所以，对于自己的叫嚷，完全感觉不到，当我责怪他们喧闹时，他才会觉得特别委屈，才会反复强调自己没有叫嚷。

儿童的世界，很多时候是我们成人无法理解的，而成人又总是习惯于带着自己的经验来给孩子的行为下定义、做判断。如果我们能够静下心来，多观察，多思考，就会发现是我们错怪孩子了。作为教育工作者，没有儿童意识，是一件多么危险的事情！

当一个教师真正有了儿童意识，他遇到学生调皮捣蛋时，就不会轻易生气，而更多的是考虑如何帮助学生、引导学生。这里面有一个深刻的教育道理：孩子常常是在不断犯错中成长起来的。

二 〇 〇 四 年

这一年，我清醒地意识到，以我的学养和经历，终究是无法成为教育家的，也无法让自己的办学理念不断地传承下去。我所能做的只是发挥自己的长处，回归经典，回归传统，为前人的先进理念寻找适合当代教育教学实践的途径。能在校长的位置上，做个合格的实践者，足矣！

这一年，我还被一句话压得喘不过气来。今天回头看，谁还记得这句话呢！教育有时候就难在怎么也无法回避时代的弊端。

我羞于再谈"理念"

同安第一实验小学坐落于"银城"的东溪畔，与孔庙一墙之隔，具有深厚的人文底蕴，是厦门市创办最早的小学。

二〇〇四年，它迎来百年华诞，十二月四日，举办校庆闭幕典礼。当晚，校友们欢聚在一起。晚宴开始前，我上台致辞，站在台上往下看，满大厅都是银发长者，让人不由感慨：当年可都是胸前飘着红领巾的小学生啊……

一位80多岁的老校友很活跃，他的胸前挂着一台照相机，一桌一桌地握手、寒暄、拍照。宴会开始后，他回到自己的座位，饭还没吃几口，就从椅子上瘫了下去，昏倒在地，整个宴会厅顿时陷入一片混乱与嘈杂，大家急忙围上去询问病情，随后赶紧拨打120叫救护车。还好医院就在附近，15分钟后，终于把他送到医院抢救。

这个突发事件让晚宴的激情冷了下来，变得安静，静得沉闷。估计在场的校友都和我一样，非常担心老人的安全。

第二天早上，我和学校班子成员去看望老校友，他已经醒来。

见到我们，躺在病床上的他一脸歉意，一再表示自己在喜庆的时刻给学校添麻烦了，也一再表示自己没事，很快就能出院。主治医生把我叫出病房，轻声告诉我说，老人是兴奋过度，引起轻微脑中风，不能再让他太过激动了。

这位老校友叫刘仲源。同安第一实验小学既是他的母校，也是他工作过的地方，所以他对学校的感情特别深。在百年校庆筹备期间，他就非常主动地帮忙做事。最让人感动的是，他花了几个月的时间整理出了老校歌。他是音乐教师，乐感好、记忆好，校歌的主要旋律基本上都记了下来；另一位老校友——他的同学沈栋梁刚好记得大多数歌词，两个人相互配合，反复琢磨，终于将诞生于一九三〇年代的老校歌赶在校庆之前完整地复原了。这是无意中收获的一份珍贵的学校文化遗产。

老校歌的旋律和歌词都深深地镌刻着那个年代的印记，犹如李叔同的《送别》，优美而饱含深情，带着毕业离别时的淡淡伤感，也表达了学校前身双溪学堂的教育追求：海滨邹鲁久传名，紫阳过化行，满城桃李栽已遍，聚聚萃群英，春风艳照雨水滋，柃前乔木英……

我非常喜欢这样的词曲。于是，组织校歌合唱比赛，要求全体师生人人会唱，并将校歌合唱作为庆典晚会的压轴节目。那一年，校歌的旋律天天在校园内外回荡。

然而，我喜爱的并不代表学生喜爱，能够打动我的并不一定能够打动学生。百年校庆过后，这首老校歌很快淡出校园，被活泼、明快的流行歌曲、儿童歌曲所替代。毕竟，我和学生的年龄差异、成长经历相差太远。我与学生在美的欣赏上存在差异一点也不奇怪。更重要的是，老校歌所表达的情绪、情感，因为时代的差异，不为当下学生所喜爱，也是合乎情理的。

一所百年老校，留给校友的记忆到底有多少？留给后人的启示又有多少？一幕惊险，一首校歌，再回想晚宴上的满厅白发，我陷入深深的反思。

同安第一实验小学建校一百周年，准确地说，是旧式书院改成现代学堂的一百周年。据《同安县志》记载，"清光绪三十年（一九〇四年），双溪书院改成学堂"，至于双溪书院的创办时间，已无从考证，县志只记载书院的前身是微微贞素堂，而微微贞素堂是什么时候创办的，其前身又是什么，也都没有清楚的记录。

真正的创办时间无从查实，但作为在任校长，我觉得有必要把握这个百年一遇的机会，通过隆重的百年校庆，发掘学校厚重的历史积淀，凝聚百年的传统文化，弘扬同安人的办学求知精神。

一百年来，学校历经了中华民族的动荡时期，因战火的侵扰加上各种历史原因，前八十年的校史一片空白，所有档案资料全部丢失。为了弥补这段空白，二〇〇三年年初，学校特地成立了校史资料收集小组，历时一年，联系、拜访了许多老校友，但没有什么收获。对于孩童时的学校生活，他们大多残存些零星的记忆。除了校舍风貌、校址变迁、师生趣事，还有那些老树木、破桌椅、破黑板、破钟之外，只记得两件"大事"：

一九五八年，学校开展"大炼钢铁"活动，有 72 名年龄较大的学生组成"红领巾远征队"，由教师带领，到汀溪的杉际山烧木炭 45 天，烧炭一千多斤。一九七一年，经"支左"部队研究决定，同安食品厂占用实验小学校舍作为厂房，学校则搬迁到孔庙边原一中的校舍里，校名改为"向阳小学"。

而我最想了解的办学思想、校训校风这些核心的东西，并无只言片语。我非常怀疑，难道五年或六年的小学教育，真的没在学子心中留下什么深刻印记？

我小学毕业于一九七六年，我尝试着回忆当年的小学生活，记忆也是一片模糊，只有三个场景比较清晰：

我光着脚丫，背着书包，拿着矮凳，穿过村庄去上学（学校用长凳当课桌，矮凳需要学生自己带）。

学校没有围墙，教学楼对面有一棵古榕树，树下有一个戏台，与榕树主干融为一体，每当社戏开演，同学们就无心上课，拿着小矮凳、草席去抢占好位置，为的是让忙碌一天的大人边看戏边夸自己的孩子懂事。

在一个隆重的仪式上，学生要行鞠躬礼，一位同学的帽子掉下来，露出一颗大光头（那时在人们的印象里，只有僧人才剃光头），引得全校同学哈哈大笑。在那庄严肃穆的时刻，校长吓得脸色惨白……

对于小学阶段的记忆，正经的事都淡忘了，"不正经"的事倒是记得一点。看来，小学阶段真难以留下所谓有意义的记忆。那么，到底有什么留下来了呢？毕业后，许多人都想回到曾经上学的地方去看一看，看看那些房子，看看那些树木，看看那些曾经的秘密……离开的时间越长，这种愿望往往越强烈。我觉得，让人们眷念母校的，不是记忆，而是情感，儿时的情感。这种情感不在于是否有一个清晰的记忆，而在于有一个割舍不掉的情感载体——母校。

对于大多数的老校友来说，他们上学的地方并不在东溪畔的孔庙边，而在北镇街的食品厂。如今连食品厂也没了，被房地产开发商买走，盖起了商品房，只剩下明代兵部侍郎蔡复一修建的微微贞素堂。因为它是同安县（现同安区）的文物保护单位，厦门市政府公布的涉台文物古迹，才免于被拆的命运。而同安第一实验小学已经与此无关了。过去的已成历史而无法改变，了解过去是为了启示现在和未来。所以，我们不必纠结于淡忘过去，而要立足于做好当下的事。每一个时代都有每一个时代该做的事、该说的话、该记录的文字。

正是出于这些考虑，我们将百年校庆的活动方案做了相应的调整，删去一些比拼"高大上"的项目，比如请到什么级别的领导出场等，而是把目光回归到学校，回归到课堂，回归到学生。我们面向学生举办了十场讲座，主题包括现代军事、农业技术、生物科技、海洋科考、航天航空、双鹿马蹄酥、南艺佛雕、嘉庚办学等，邀请相关行业的顶尖人才现身说法，他们可以是校友，也可以不是。另外，围绕素质教育的深化落实以及学校所做的"生命化教育"课题，举办了五场教学研讨会，还组织了校园足球联赛及其他学生社团活动。

进入二十一世纪以来，各地名校雨后春笋般地出现。到这些学校参观学习时，校长的介绍一般都会涉及这些内容：学校的历史沿革、办学思想、办学理念，以及传承与发展的各种做法，他们希望今天的思想、理念能够一代一代传承下去。

我曾经也有这种教育情结，觉得同安第一实验小学在我的任上越办越好，值得总结经验，以便于传承。于是，用了好几年的时间，总结、提炼了一整套"办学理念"：办学宗旨、核心理念、学校愿景，校训、校徽、校歌，校风、教风、学风……而且也向很多人做过介绍。

经历了百年校庆，才发现同安第一实验小学的一百年，似乎只留下一首校歌，几段小故事而已，其余的已湮没在历任校长的更替之中。这一现象提醒了我，以我的学养和经历，终究是无法成为教育家的，也无法让自己的办学理念不断地传承下去。我所能做的只是发挥自己的长处，回归经典，回归传统，为前人的先进理念寻找适合当代教育教学实践的途径。作为校长，立足当下，做好学生的启蒙（我不敢说培养）工作，其余的只能交给历史这把"刷子"了。

自此，我羞于再谈"理念"，而是一直在努力想办法，把"教育就是培养好习惯"（叶圣陶语）这句话的精髓予以认真践行。

"移植"潮流中的思考

二〇〇四年，我们同安第一实验小学有两件大事：一是迎来百年华诞，二是开办芸溪校区。

房地产行业和教育"结缘"产生的副产品叫学区房。顾名思义，学区房专指名校施教区内的房产。拥有这种房产的家庭，孩子可直接成为名校的学生。能拥有这么一套学区房，是无数家长梦寐以求的。学区房变得一套难求，价格屡创新高。为了解决这个问题，政府开始进行名校"移植"。于是，全国各地的"名校"喷涌而出。

一九九八年，同安区率先"移植"了一所"名校"：同安第二实验小学，聘任原同安实验小学副校长担任校长。同时，把原同安实验小学更名为同安第一实验小学。如此一来，两所学校在名称上就达到了平衡，师资水平也达到了平衡。尝到甜头后，时过六年，为了推动芸溪居住公园的开发，再次"移植"，创办了同安第一实验小学芸溪校区，同安第一实验小学由此扩大为两个校区。

后来，为了推动房地产开发，又进行了第三次"移植"，开办了同安第一实验小学西洋校区。而芸溪校区则脱离"母校"，独立办学，更名为同安第三实验小学。

"移植"，速效而神奇，推动了教育发展，更推动了当地的经济发展。新"移植"的同安第一实验小学芸溪校区，占地 32 亩，建筑面积达 1.4 万平方米，最大可容纳 48 个班，是当时同安办学规模最大的小学。区委、区政府寄予厚望，用领导的话讲就是，"希望 20 年后，获得博士学位的同安人有一半以上出自这里"。我明白，这句话的主要听众并不是我，而是消费者，但是，它已足够把我压得喘不过气来。那几年，朋友经常拿我开玩笑，戏称我是同安博士协会会长，简称"同博会会长"。面对这样的玩笑，我只能无奈地笑笑。领导的一番豪言壮语，让我成为同安的一个笑话。

政府的学校"移植"屡试不爽。我也尝试着采用这种办法，想尽快地让芸溪校区发展起来。

芸溪校区的建设从二〇〇三年初就开始了，设计与建设都由专业机构承担。这样的安排非常好，让学校可以专心于本行，不必纠结于自己不熟悉的事务。负责设计的天津设计院非常认真，在教室、办公室、各种专用教室等数量的安排上经常与学校沟通。他们在学校外墙立面的风格设计上特别用心，先做施工图，再以红、黄、灰三种色调为基础，设计了三种色调、风格各异的效果图，请学校选定其中的一个方案。为此，学校召开行政会，讨论了很长时间，但没有得出大家都满意的结果，因为人们的色彩审美各不相同。

一位美术教师曾经告诉我，比起成年人，小孩子更容易受到色彩的影响，对色彩的敏感度也更细腻些。那段时间，我刚好在做儿童观察与研究，正在学着以儿童的眼光去观察、思考问题。一个念头出现了：让孩子自己来选择色调，不是更好吗？这个提议得到了大家的赞同。

于是，学校利用升旗仪式，组织老校区双溪校区 1700 多名学生投票表决：三种色调的效果图摆在学生面前，他们先感受后投票，以此确定装修色调。就这样，我们将双溪校区学生的审美喜好，成功地"移植"到芸溪校区，新校区的外墙立面设计风格，承载了老校区学生的审美理念。

在厦门，受传统的红砖楼影响，所有小学的建筑立面几乎都被红色调占据。芸溪校区的立面却以灰色为基调，再配以多种色块，这种大胆的设计显得既多彩又和谐，使大多数学生都能找到自己喜欢的色调。无意间，色调就成了学生热爱学校的又一个理由。

但是，建筑上的"移植"并非都如此顺利。芸溪校区投入使用后，我们就发现两个突出问题。其一，高窗（离地二米，窗口很小）的设计，导致教室的通风和采光严重不足。除非大晴天，上课期间都得开灯，造成用电的巨大浪费；在南方潮湿闷热的夏季，教室更成了难熬的"桑拿房"。其二，排水系统的排水口设计不足，造成校园内涝。春夏两季，南方雨水多，下大雨时，雨水排放速度慢，学校到处被水淹，真有点水漫金山的意味。

天津设计院是秉着北方的成功经验设计的。北方雨水少，气候冷，建筑必须适应这样的特点。我们到北方参观学校时，看到的教学楼设计就是内连廊，高窗，这样既可以保暖，又可以避免上课时受到教室外各种因素的干扰。然而，设计人员在"移植"时，没有充分考虑到厦门的气候和"风水"，生搬硬套北方的设计理念，终于造成"水土不服"。

"移植"不是简单复制，而应当在核心理念不变的前提下，根据不同地方的"水土"做出相应的调整，否则只能走向失败。校舍设计、建设是如此，办学理念更是如此。同安第一实验小学传统的办学理念是兴贤育才（朱熹题写），要把这个理念从双溪校区"移植"到芸溪校区，就必须考虑不同的校情，选择不同的实施方式。

双溪校区有一位低年级的教师，在班主任工作方面很有智慧。

当时各级教育主管部门三令五申，禁止体罚和变相体罚学生，一线教师都明白，这几乎是不可能做到的，但是这位教师做到了。学生犯了错误，她就"惩罚"他在班里唱一首歌。这样做既达到惩戒的目的，又不会伤害到学生。她的做法一时成为校园美谈。许多教师纷纷效仿，结果如东施效颦，效果不好。于是，人们又纷纷怀疑甚至否认这种做法的可行性，以至于给这位班主任带来了许多不必要的压力。

那一年，她调到芸溪校区，把"唱歌"的方法也"移植"了过去。出乎意料的是，她失败了。因为芸溪校区的学生和双溪校区的不一样，他们全部来自周边的农村，来自进城务工人员家庭，大多不会唱歌，更不敢登台表演。让他们上台唱歌，比打他们的屁股还难受。

同样罚学生唱歌，教师不同，结果不同；即使是同一位教师，面对不同的学生，效果也不同。

有了这样的启发，我在"移植"同安第一实验小学的办学理念时，就更加慎重了。理念不变，但凡是方法层面的设计、实施必须符合芸溪校区的办学实际。比如，在教师考勤方面，双溪校区一直沿用传统做法：不坐班、不签到。双溪校区的教师已经适应了这样的管理方式，虽然不坐班、不签到，但都很自觉，从来没有出现过迟到、早退、旷工的现象。因为他们非常珍惜这样的工作环境，珍惜学校对他们的信任。久而久之，教师就养成自我约束、自我管理的习惯。

另外，双溪校区还有一个规定：参加工作满五年以上的教师，如果重复教同一个年级，可以使用旧教案。这样，就把教师的精力从简单机械的抄写（抄教案）中解放出来，教师可以利用腾出来的时间，做拓展文本、研究教法等更有用的事情。因为从教师的实际出发，这个制度得到了所有教师的拥护。教师教育教学的积极性、主动性得到激发，学校的教育教学水平获得了很大的提升。

这两项制度在双溪校区用得很好，但在芸溪校区肯定很难"移植"好。因为芸溪校区与双溪校区的教师队伍结构不一样，观念、习惯也不一样。另外，对于一所新学校来说，立规定矩显得尤为重要，只有规矩得到落实并常态化，才能打破规矩，实现自我管理的目标。所以，在芸溪校区刚刚创办时，我更加注重教师作息时间的管理，坐班、签到抓得很严格、很扎实。至于教案问题，也没有沿用双溪校区的做法。

如今十五年过去了，同安第一实验小学芸溪校区已更名为同安第三实验小学。应该没有人记起，这所学校寄托着区领导的"博士梦"。不过我相信，只要有房地产开发存在，名校"移植"必将继续存在。

二 〇 〇 五 年

这一年，我在挫败感中品出"教育如农业"这句话的丰富内涵：不付出，一定得不到收成；付出了，不一定就有收获。教师应当要有这样的心理准备——虽然不能精心选种，但也要像老农一样应时播种，精耕细作，努力付出。至于收获的多少，是我们自己不能够完全决定的。

这一年，我有幸前往台湾进行教育交流，第一次接触到大陆之外不一样的学校、不一样的教育，一切都感到新奇。

教育如农业，付出未必有收获

同安第一实验小学有两个校区，一个是老校区双溪校区，在老城区的孔庙旁；一个是二〇〇四年创办的芸溪校区，在城郊的芸溪村旁。

二〇〇五年春季刚开学，芸溪校区的二年级三班三天两头丢失东西。经调查，发现是一个叫小万的同学干的。他今天拿这个同学的一支铅笔，明天拿那个同学的一把小刀，有时候还拿同学的零花钱，成了同学和家长的"公敌"。家长纷纷要求学校严肃处理这个"小偷"。班主任林老师使出浑身解数，用尽各种方法，多次家访争取家长支持，但收效甚微。小万总是当面答应下来，过不了两天又继续"犯案"，如此循环往复，屡教不改。林老师几近崩溃，只好向分管德育的副校长求助，但结果还是一样。

林老师实在没办法了，找我倒苦水。她说："对于这样的孩子，我既是教师，又像侦探，用尽了方法，磨光了耐心，还是没有办法让他完全改正。我快被他折磨疯了！"

对于班主任的苦恼，我感同身受。以前在乡下教书的时候，我也遇到过这样的学生，"苦过她的苦"。我没有从道德的高度去评判，而是侧重去挖掘其不良行为背后的成因，以求从根源上找到教育的途径。我相信，每个"特殊"的孩子，大都有一段让人心痛的经历。对这样的孩子，我们应当多一份同情与理解，多一份责任与期待，多一份宽容与耐心。

我问林老师："在你的教育下，你觉得，这个孩子有没有进步？"她想了想说："有点进步。但小偷小摸的行为还是有。"

"如果从孩子的成长经历来看，或许你会更宽容他。"

"我不可能容忍小偷小摸现象！"林老师坦率而坚决。

"你是一位优秀的班主任，教育孩子有丰富的经验，开学到现在快一个月了，你一定想过各种办法来教育他，是不是？孩子也应该能意识到不能'偷'别人的东西，是不是？"

"是！"

"既然明白不能'偷'别人的东西，却又控制不住自己，还是'偷'，你觉得这孩子的心理正常吗？"

"我也觉得不正常。"

"这是心理问题。"看着林老师若有所悟，我接着说，"你读过《悲惨世界》吧，也一定记得冉·阿让出狱后偷盗银烛台被抓的情节吧？可以说，是主教米利埃的包容感化了他，让他幡然悔悟，决心行善积德，去做一个好人。"

过了一个多星期，林老师又来找我，一见面就说："校长，我最近一直在琢磨你说的话，越想越有道理。这孩子的经历可真的够可怜——父亲因过失杀人而被判刑入狱；母亲带着他到同安来投奔他的叔叔，和他的叔叔组成新家庭。他母亲整天呼朋唤友打麻将，每天只塞给他三五块钱。他要坐三轮车，还要吃午餐。有时候，赌博输了，他母亲连一分钱也不给，就让他来上学。后来，他父亲出狱了，也到同安来打工，不到一年，又因组织团伙偷盗摩托车被捕……"说着，林老师的眼眶都红了。一会儿，她接着说："前一段时间，我认死理，钻进道德的死胡同里出不来。一直觉得拿同学的东西就是偷盗行为，不断地给他施加压力，弄得他不断躲避我。一叫他，他的第一反应就是'我没有拿别人的东西'。现在，我改变了看法，处理的方法也做了调整……"

我接过林老师的话："小万的例子很特殊，由于自小成长在不正常的家庭环境中，要改变他并不容易。大部分孩子的'偷窃'行为，可能是因为他们还没有完全厘清'你、我、他'的关系引起的，特别是独生子女家庭，家长宠溺的话，往往会让孩子觉得'只要我喜欢的东西就是我的'。他们上学以后，这种思维惯性很难马上转变。所以我觉得，只要引导低年级的孩子把'你、我、他'的关系弄清楚，问题应该能够解决。"

为了促使教师更好地理解儿童，理解儿童的特殊行为，那一年，我推荐大家阅读蒙台梭利的著作《童年的秘密》，引导大家立足学校实际，平时多观察儿童，了解儿童，研究儿童。

一天下午放学后，林老师又来找我："校长，遇到小万，我的心真的很累。他上课不认真，作业基本不做；你看，这张卷子，所有填空都只填一个'人'字；'小偷小摸'的情况也没有完全杜绝。今天上午，又没来上课，电话也联系不上他的家长。看来，又得抽空家访了。只是去了，不知道该找谁，又能找到谁？"无奈之情溢于言表。

教育就像农业，不付出，一定得不到收成；付出了，不一定就有收获。教师应当要有这样的心理准备——虽然不能精心选种，但也要像老农一样应时播种，精耕细作，努力付出。至于收获的多少，是我们自己不能够完全决定的。

我觉得应该帮林老师一把："明天下午，你让小万来找我。"我是想试一试，看看能不能通过我和他的交往，慢慢改变他。

第二天下午，小万准时来到我的办公室。他低着头，不敢看我。从他闪躲的目光中，我知道他心里发虚，毕竟他清楚自己做了不少"坏事"。我没有批评他，对他来说，大人的批评已是家常便饭，不会有太大的作用。

我只问了他的一些家庭情况，他的兴趣爱好，以及有没有需要我帮忙的。我告诉他，如果哪一天妈妈没给他钱，可以来找我借，然后再还给我。这是我与他的约定，也是我获得他的信任、得以转变他的第一步。

从那以后，我每天的巡课就多了一项任务：去二年级三班找小万，和他说说话，检查他的作业，了解他的表现。班主任告诉我，小万各方面进步都很大。

二年级三班上语文公开课，我去听课，看到小万的字写得工工整整，很是欣慰："没想到你的字写得这么好看呀。"我发现他的眼神光亮光亮的，和以前的躲躲闪闪判若两人。为了鼓励他继续努力，保持良好的状态，第二天，我送给他一本书，他高兴得到处"炫耀"。

班主任很高兴，特地到我的办公室来，说是要"感谢"我。"小万的变化有目共睹，我很开心。"她又说，"小家伙其实很懂事，有一天，你开车从校门出去，我远远看到他很恭敬地对着车子行鞠躬礼，只是你当时在车上，没有看到而已"。

没想到，好景不长。一天下午放学，小万来办公室找我，说他妈妈没给他搭车的钱，让我借给他三块钱，第二天就还给我。我没找到零钱，就拿了一张十元的纸币给他，交代他记得找零钱还给我。第二天，小家伙没有来找我，第三天也没见到他的影子。我觉得孩子不能说话不算话，就到班级找他，没想到班主任见到我就说："校长，我刚想去找你，小万又'旧病'复发了。前天，不知道他从哪里'偷'了钱，在校门口的小卖部买了几根棒棒糖，分给同学吃，要同学以后都听他的，还说钱是校长给的……"

听了林老师的话，一种挫败感油然而生。看来真正转变小万的难度，远远超出了我的预估。我确实给难住了。不过我明白，这孩子狐假虎威，想借校长的身份去提升自己的地位，更危险的是还想当"老大"，"马仔成群"——不能让他这样发展下去。于是，我把小万叫到办公室，告诉他："只有表现好、学习好，你才能真正得到大家的尊重。"

为了让小万记住教训，我决定向他要回十块钱。他今天还一块，明天还一块，好长时间都没有还清。那时，同安第一实验小学芸溪校区内，时不时见到一位40多岁的校长，向一位八岁的小学生追"欠款"——要是让人知道，那该有多传奇啊！

第二年秋季开学，小万没有回学校注册报名，也没有来办理转学手续。我想，他可能已经回老家去读书了。这只是我个人的美好愿望，我只有默默地祝福他，能够在新的环境里正常成长，不要步其父亲的后尘。

教育界有一句名言："没有教不会的学生，只有不会教的教师。"成功转化后进生，确实离不开教师的努力，但也离不开家长和社会的配合，更主要的是离不开学生对自我成长的追求。教育充满了不确定性，机缘巧合可能创造奇迹，机缘不合，奇迹永远不会出现。作为教育工作者，我们应该明白的是，并非任何一个学生都能教好，我们所不能放弃的，是对每一个学生的责任和期待。

感受台湾教育

作为最早的经济特区之一，厦门市与台湾一衣带水，文化、语言、习俗相同，吸引了很多台胞来经商办厂。同安第一实验小学的办学质量好，自然成为同安的台商子女上学的首选。那些年，同安第一实验小学在校的台商子女有近 50 人。

为了促进两岸关系，两岸的教育开始有些来往。二〇〇五年十月二十七日，应台湾崇善文教基金会的邀请，我作为厦门教育学会文教参访团的成员，赴台湾参观访问了 11 天：从台北到台中，从台中到台南，又从台南返回台北，完完整整绕了台湾一周。每到一个地方，接待方都安排我们参观一两所比较有代表性的学校。

由于一直在大陆工作，从没有接触过不一样的学校、不一样的教育，所以，一切都感到新奇。

混合型教室

台湾学校校舍的设计理念与大陆有所不同，其中，教室设计就有很大的区别。

我们参访了十来所学校，发现教室都比较大，像台北的东门小学这样的老校，教室的建筑面积都在 80 平方米以上，更不用说新建学校了，有的甚至超过 100 平方米。

东门小学的教室有几个相对固定的功能区：前面是讲台、多媒体设备和图书角；左右两边是学生放学习用品的矮柜，中间是学生的桌椅；后面是教师的办公区，用比学生书桌高一点点的隔板隔开，也就是说，教师办公与学生上课是混为一体的——一位教师在上课，另一位教师在教室里办公。

我好奇地问校长，教室为什么要这样设计呢？这样把办公和上课混合在一起，会不会相互影响呢？校长告诉我，这样安排既可以解决城市中心学校校舍不足的问题，又可以促进教师之间相互学习、取长补短，还有一点就是有利于共同督促学生认真听课，在后面办公的教师可以帮忙维持班级纪律。至于相互影响，时间长了，就习惯了，不足为虑。

校长的解释有一定的道理，但我总感觉怪怪的，要是让我在这样的环境里上课，肯定很难挥洒自如，教学效果必然也会受到影响。

到了台南安平区，我再一次感受到台湾小学教室设计的"怪异"。

亿载小学是台南一所比较好的小学，创办于二〇〇二年。一进入学校，我就像刘姥姥进了大观园一样。校长特地带领我们参观具有先进设计理念的教室。到了教学楼的走廊就感觉很新鲜，一排矮柜紧靠在教室墙边，那是学生放鞋子用的——学生必须脱掉鞋子，才可进入教室。

入乡随俗，我们脱掉鞋子进入教室。教室很大，铺着非常高档的原木地板；教室分为两大部分，前半部分是教学区，估计有60平方米左右，与大陆的教室设计没有多大区别，只是多了一个教师办公区；后半部分是生活区，面积与前半部分一样大小，是学生阅读、活动的地方。走到生活区，我才发现这里别有洞天：教室与教室之间的教学区是隔开的，互不干扰；而生活区却是相通的，几间教室的生活区连成一片，形成一条宽敞的通道。站在生活区往教学区看，会发现教室很高，大概五六米。教学区分为两层，下层教学用，上层是阁楼，孩子就在阁楼上午休，阁楼的原木楼梯就架在生活区内，如我们平时见到的挑高楼中楼一样。

这样的教室设计让我大开眼界，把教学、生活、用餐、阅读、休息、游戏、教师办公等都包容进去了。似乎除了室外运动，其他的一切教育教学活动都可以在这个一百多平方米的教室里完成。

我不知道这样的设计理念有何依据，也不清楚这样的设计是否有利于教育教学，我只知道亿载小学的教室设计引领我走进了一个陌生的认知空间。

学生做义工

参观东门小学是在十月二十八日上午，我们到达时正是上课时间。学校大门很小，估计两米宽。走进门来，只见右侧笔直地站着两位学生，向我们问好，行着"OK礼"：右手举到右额前，像军人敬礼一样，只是五指并成"OK"的手势，感觉很奇怪。进入会议室，发现接待我们的并不是教师，而是三个胖乎乎的小男孩。他们倒水、端茶、摆水果，动作那么娴熟，表情那么自然，一点都不像小孩。我心里嘀咕着，台湾学校怎么可以使用童工，让学生做接待工作呢？难道他们不用上课？难道家长不会有意见？温明正校长见到我们疑惑的眼神，连忙解释："这是学生义工，他们知道大陆有贵客要来参访，非常高兴，都争着要来招待你们，这三位学生很光荣地争取到了这项任务。"

我初次接触义工这个词，并不明白其确切含义。后来，随着校长介绍的深入，才逐步明白过来，义工者，顾名思义，就是做义务工作。后来，通过查找一些资料才清楚，义工是指志愿贡献个人的时间及精力，在不为物质报酬的情况下，为改善社会服务、促进社会进步而提供服务。义工在台湾社会运行当中起着很大的作用，他们无私地奉献着自己的一切。在台湾，不仅学校里随时可以见到义工的身影，其他行业的工作也都有义工参与。许多学校特别是大学和中学，都规定每位学生每年参加义工的时长，并将其作为学生评价的一个指标，考核学生的社会责任意识。

参加义工并非随便报名就可以了，还必须经过筛选并参加一定的专业培训方可上岗。

我第一次如此感性地接触到台湾的义工，而且是胖乎乎的小学生义工，感觉那么奇特，那么亲切。

在后来的参访过程中，我们走遍了全台湾，不管是在学校、在街道，还是在景点，都见到了义工的身影。

我们在台湾最大的淡水湖——日月潭游玩。带我们玩的游艇驾驶员和弟弟合买了游艇，在这里载游客赚钱。他还有一个身份：消防义工。从高中开始，他每年都要到当地消防队做两个月义工。我吃惊地问他，游艇怎么办？他也吃惊地看着我说："弟弟一个人开就行了。"他还说，做消防员义工是他的兴趣，也是他应当承担的社会责任。

在台湾的那几天，我反反复复地拿我 15 岁的儿子与台湾的孩子做比较。台湾儿童在做义工的时候，我的儿子在干什么？他在准备中考，考上一所好高中是他唯一的任务，一天到晚，除了读书还是读书，我从来没有让他参加劳动、做家务的念头，更不用说让他担当必要的社会责任了。

"三学一体"办教育

十月三十日，我们从台中前往高雄，路过南投，顺便前往中台禅寺参观。中台禅寺由惟觉和尚住持，于一九九四年创建，它的建筑风格有别于传统寺庙，融中西于一身。整座寺院均由花岗岩建成，没有佛像（我当时没有见到），没有香炉，没有青烟袅袅，没有人声嘈杂，也没有跪拜磕头，大陆寺庙常见的情景在这里都没有，真是地地道道的"清净之地"！

　　陪同我们的厦门台商协会会长说，中台禅寺还创办了自己的学校，学校的经费、课程、师资、校舍等都由禅寺负责。他们的办学理念可称为"三学一体"，即"中学为体，佛法为根，世学为用"。除了常规课程设置，还有英、日、法、西四国外语课程，以及禅修、国学、田园、才艺学习等。

　　我只知道，在清末和民国时期，曾经有教会办过一些学校。我的老家东山村最早的小学就是教会学校，是林语堂的父亲林牧师创办的，现改为同安教师进修学校附属小学。寺院办学校，我还是第一次见到，这完全颠覆了我的认知。

　　强烈的好奇心驱使我追根究底：寺院学校的学生多吗？家长和社会放心将孩子交给"寺院学校"吗？商会会长告诉我：台湾民众大多信奉佛教，他们非常虔诚，敬重神佛，敬重高僧，所以非常放心。另外，"寺院学校"除了学习常规课程外，还附加了不少很好的课程，家长何乐而不为？更重要的是，"寺院学校"在教育学生成人方面，方法特别，效果很好。

　　后来，我还了解到，台湾的许多寺院都举办"禅修营"，相当于大陆的夏令营。这种"禅修营"是政府教育部门认可的，由宗教组织具体负责。

　　基隆的十方大觉禅寺举办的禅学夏令营，有1500多名小朋友报名，都是小学五、六年级和中学一、二年级的学生。课程内容包括佛学讲座、禅坐指导、读书方法和技巧、禅诗朗诵和教唱、打少林拳及生活起居能力等，从每天清晨五点的打板、扣钟和做清凉操开始，到晚上十点就寝。它意在帮助孩子们收心、定心和静心。

又如埔里中台禅寺住持于一九九三年起就接受政府的恳请，举办青春期禅修。十年间，参加禅修营的学生在一万人以上。活动以"培养青少年恭敬、慈悲、禅定、智慧的心，帮助青少年跨越叛逆、迷惘的岁月，走向光明的人生"为目标。因此，得到家长和社会的极大关注。

从参访的第一天开始，我就感受到台湾的学校非常重视学生的德行教育，并在德行中渗透一些儒释道思想。不少学校利用晨读，开展诵读静思语和静思活动。所谓静思语，指的是那些或激人奋进、或劝人向善、或给人启迪的一些儒释道法思想的话语。它们都是经过精心选择的，不仅浅显易懂，还朗朗上口，容易记忆。所谓静思，就是让学生安静地思考：静思语的涵义是否领会了；自己是否按照静思语的内容去践行了，有什么心得体会。

还有一些学校，聘请具有广博法理智慧又有教育经验的得道高僧到学校讲佛法知识，或者请熟识儒家思想的专家到校开展讲座，让学生广泛地接触中华传统儒家学说的文化精髓以及佛教教义。

我记得李泽厚先生曾经提出要区分"宗教性道德"和"社会性道德"，认为今日道德应明确一分为二。"宗教性道德"乃私德，为个体安身立命之所；"社会性道德"为公德，是维系现代社会生活的基本规范。他还说过，"人总要有点精神的""人总要有点理想的"。"宗教性道德"以提供这种理想、精神，使人们可以如醉如痴如狂地沉浸在其中而感到快乐无比。

我是校长，是教师，对于道德范畴的哲学探索并非我的任务，也非我所专长。自从到台湾参访之后，我的眼界被打开了，对于教育中的不同理念，不同课程，不同教法，有了更多的包容和理解。

二 〇 〇 六 年

这一年，我前往美国考察基础教育，虽仅有半个月，但已足够改变以往我对美国基础教育肤浅的认知。从那以后，我不再拿美国教育的"经典"例子来对标中国教育。不同的国家有不同的文化基础，实行不同的教育体制，没有什么可比性。我们要借鉴的是那些适合中国实际的理念和做法。

这一年，我评上特级教师，回顾自己的专业成长之路，我深刻体会到，想要"领导"别人，提升自己是基本前提。

美国小学教育之"大"

二○○六年十二月十七日，我走进加州富乐敦州立大学教育学院，开始了为期半个月的美国学习考察之旅。由于文化和体制的差异，加上时间短，不可能深入而全面地了解美国基础教育，只能如盲人摸象一般，透过一些所见去揣测和猜想。其实这样也挺有意思的。在美国的十几天里，听过讲座，看过学校，进过课堂，问过问题，给我留下了不少别样的记忆。我发现用一个"大"字，似乎就能概括我所摸之"象"。

教室之大

参观完四所小学后，我发现美国小学的教室，"大"是个共性，估计都在 100 平方米以上。木质的地板上铺着厚厚的毛织地毯，室内安装冷暖空调，虽然已是深冬，但非常暖和。

美国采取小班化教学，每个班级不超过 25 名学生。教室大，学生少，但并不显得特别宽敞，因为里面塞满了各种各样的教学和生活用具。大教室一般分为四五个区域：（1）教学区——相当于中国小学教室的功能，有讲台、黑板、课桌，其占据的空间接近整间教室的一半。（2）阅读区——这是一大亮点，比教学区略小一点，是学生借阅图书的场所，摆着好几个书架。满架的图书，有点破旧，估计有上千册，相当于一个小型图书馆。我随手翻阅了几本，发现彩绘本、故事书居多，还有一些大部头的工具书。（3）网络信息区—— 这个地方放置了几台电脑。学生平时学电脑、查资料、了解信息，就在这个区域，当然，有的学校还有专用电脑室。（4）学习用品区——一个专门为学生提供学具的区域，铅笔、本子、橡皮擦等，应有尽有。（5）生活区——安装有水龙头和洗手池。我还发现，一个不起眼的角落安装着几个转笔刀，一看就知道是让学生削铅笔用的。

有的班级还有自己的特色布置，五花八门，最让我吃惊的是有一间教室里养着一条蛇。由于教室里有暖气，蛇还没进入冬眠。我很惊奇地看着它，它也吐着信子看着我，似乎在发出某种警告。

教师、学生从进入校园开始，就在这样的大教室里学习、生活。

在美国，我没有看到像国内那样的专用教室，估计他们如果到中国学校参观，见到那么多那么齐全的各类专用教室，也会像我见到他们的大教室一样，除了惊奇，还是惊奇。

书包之大

十二月二十日，考察蒙特利公园城市海顿小学，这是加州很普通的一所公立小学，主要招收墨西哥裔和越南裔学生。全校学生 800 人，教师 30 人，其他职工和管理人员 30 人。

时近圣诞节，学校马上就要放寒假。那一天，他们刚好在举办闭学庆祝会。全校师生都忙着准备节目，热闹非凡。校长一个人带着我们在校园里走了一圈，就让我们自行观看庆祝会，自己忙自己的事去了。

第一次近距离观看美国学校的庆典活动，我们都非常兴奋，希望能够见识到一台高水平的表演。可事实却让人失望：庆祝会的节目特别"原生态"，随意而粗糙，毫无艺术可言。比起我们中国小学的庆典节目，差距实在太大。让我想不到的是，家长和孩子们却看得津津有味，我估计是文化差异所致吧。

我对这样的演出不感兴趣，便独自在校园里探寻自己感兴趣的事物。果不其然，在教室走廊的地板上，整齐地堆放着一列学生的书包，还有一个大铁架上也挂着几个书包——大概那个铁架就是用来挂书包的。这些书包和美国人的体型一样："大"！大得惊人。与我们平时见到的行李包、行李箱一样，有拉杆，有轮子，可以装得下一家三口衣物的那种。我特别震惊！那时，我就想，书包如此之大，如此之重，在国内随便出现在哪里，肯定马上红遍全国，成为教育部门的重点减负对象，估计连校长和局长也会因此受到牵连。

书包大，到底是海顿小学的特例，还是美国学校的共性呢？带着这样的疑问，我们又参观了其他两个城市的小学，情况基本一样。我真想弄清楚书包里到底装的是什么。机会终于来了。在东校区教会小学四年级的数学课上，地板上放着书包，有一个打开着。我走上前去，仔细观察一番，和中国孩子的书包没有什两样，里面装的就是书、笔记本和文具。

我曾经以为，美国小学生的课业负担很轻，书包也一定是世界上最小、最轻的。耳听为虚，眼见为实，现在才发现，原来美国小学生的书包比中国的重多了。

课本之大

在另一所小学的接待室里，校长简略地向我们介绍了学校的基本情况，大概内容现在已经无法记起。介绍完之后，让我们问问题。我想更加深入地了解美国的小学教育，看看他们的教科书与中国有什么不同，校长满足了我的好奇心，请一位教师去拿。

那位教师拿来了一本很大的书，比我们经常见到的"黄页电话本"小一些，我想，该不是随团翻译不专业，翻译错了吧？哪有这么大的教科书？我虽然没有用尺子去精确测量，但大体还是能够目测出来它的大小，与 A4 纸相差不多，厚度抵得上两三本人教版四年级数学课本，看看页码，竟然有 600 多页。

翻开数学书，我看不懂里面的文字，但看得懂数字和一些运算过程，我想应该是例题或作业之类的内容。站在我旁边的王校长很好奇，和我一起翻了好几页，通过对运算式子的观察，发现是一题多解的例题。我请翻译帮我问校长，这么一本数学书怎么教完呢？校长表情很惊奇地回答了一句："一定要教完吗？"估计是见到我满脸不解，她又通过翻译解释道："这是两个学期要学的内容，教师一般都教不完，但他们可以选择性地教，不必全部教完。"

看来，美国小学教师在教材的处理方面有很大的空间，他们可以根据学情、教情缩减教材内容。那么，缩减的依据是什么呢？如果教师为了图轻松，把大部分的内容都删减掉了怎么办？校长告诉我，学校每学期会对教师进行评价，其中一项是进课堂听课，填写评价表。更重要的是，美国为了提升基础教育质量，布什总统于二〇〇二年初签署了《不让一个孩子掉队》法案，各州每年都会进行一次教学质量检查，以此来促进教师认真教学。

教师工作量之大

邓·奥利弗是富乐敦市一所小学的校长。他原本要给我们做关于"美国校长的任用、考核与领导技能"的讲座，后来变成漫谈，他让大家就听前面几个讲座所产生的疑问进行提问。对于"美国校长的任用、考核与领导技能"，我们并不感兴趣，因为不可学；我们感兴趣的是教师编制和任课制，所以整个下午都围绕这个核心交流。

据邓·奥利弗介绍，他们学校有 520 名学生，教职工 65 人，其中教师 23 人，助理教师 12 人。学校行政有校长和两名校长助理，其余的都是工勤人员。这么少的教师怎么安排课务呢？他没有具体说明，只是介绍了教师一天的作息情况：通常，教师早上七点半上班，下午两点放学。放学后，教师就不再归学校管，也不必要再做学校的事：不用备课、批改作业、个别辅导……按他的说法，教师只要每天提前半小时到学校，熟悉一下当天的课程就行了。听完他的介绍，我们特别羡慕美国的教师，真是太轻松、太幸福了。

我们参观了海顿小学，校长给了我们一个多小时的交流时间。为了进一步弄清教师编制和任课制，我们还是围绕这两个问题提问。这一次，海顿的校长给我们做了深入、细致的说明。我们这才明白，美国的教师编制和任课制并不像邓·奥利弗介绍的那样。

在美国，从幼儿园到六年级，一般都实行包班制。一名教师包一个班级，这个班级的所有教学任务都由他一人独自"承包"。小学开设十多个学科，有阅读、写作、数学、自然、历史、体育、音乐、美术等。这就要求教师不仅素质要高，还得是全才——什么都得懂，什么都得会。当然，这几乎是不可能的，哪怕是硕士、博士毕业，所谓尺有所短，个人素质再高，也不意味着什么学科都能教好。据介绍，有些教师偏科严重，其班级也就跟着偏科。在他们学校，有一些女教师体育技能特别差，上体育课时，经常让学生在操场的两头来回跑一趟，然后开始放羊式的游戏。这样，学生的体育技能就得不到正常的训练。

从早上七点半上班到下午两点放学，教师必须一直守着自己的班级。上课、下课、生活、活动，每时每刻都与学生在一起，没有休息时间，也没有时间来充分备课、反思及进行作业的设计批改，更没有时间"导优辅差"……这些中国教师日常必须完成的事，由于巨大的工作强度，美国教师几乎没法做好，也不可能做好。

联邦政府也意识到基础教育的这种问题，想改变包班制的做法。然而，就如海顿小学校长所说的那样，传统的东西很难改变。

为了扭转这种局面，布什总统于二〇〇二年签署了教育法案，目的就是保证基础教育阶段的学生都能达到政府所规定的学习标准。为了落实这个法案，联邦政府每年对全国的小学生进行一次学业水平测试，达不到要求的学生，学区委员会还要派教师给他们进行特别辅导。

短短半个多月，不可能对美国的基础教育有深入的了解。不过，这已足够改变以往我对美国基础教育肤浅的认知。从那以后，我不再拿美国教育的"经典"例子来对标中国教育。不同的国家有不同的文化基础，实行不同的教育体制，没有什么可比性。我们要借鉴的是那些适合中国实际的理念和做法。

"领导"别人，先提升自己

二〇〇六年，迎来了我教育生涯最自豪的一件事，我被评为福建省语文特级教师，是同安区小学界第三位获此殊荣的教师。很多人问我，校长的事务性工作那么繁忙，你哪来的时间去听课，做课题，写论文，研究语文教学？要我回答这样的问题并不困难，难的是每个人的管理理念不一样，做事风格不一样，管理方法也就不一样了。

我担任校长，多了一层学校领导者的身份，但我更愿意把自己看成教师，一位能够与大家一起共进退的教师。因此，在学校的"管"和"理"上，我似乎很少有作为，如果要说有的话，那就是在教育教学上做一些"领"和"导"的工作，尽量做到寓"管理"于"领导"之中。这样，我就有更多的时间提升自己的业务水平了，特别是在语文学科方面的研究，久而久之，积累和收获就比别人多一些，成为语文特级教师也就水到渠成了。

我是七十年代初上的小学，那时的学生只忙着"学工、学农"，知识积累浅薄，我到师范毕业时还不会讲普通话（只会用普通话读课文），所以我深知自己的不足，就不间断地学习。一九八五年就读电大汉语言文学（专科），希望将儿童时代的缺漏给补上，但童子功并非成人以后的努力能够补上的。一九九七年担任同安第一实验小学校长之后，为了能够给老师起到一个"引领"和"导向"作用，我更担心自己的知识水平无法胜任，因此，更是不忘学习。二〇〇二年，40岁的我又上电大就读汉语言文学专业（本科）。除了语文的基本知识和基本能力之外，一切和教育教学相关的东西，体育、音乐、美术、信息技术……都能吸引我去学习。

一九九〇年之后，我就离开讲台，开始从事教育行政工作。我担心荒废了语文主业，成为地地道道的教育教学外行人，因此，我只能通过进入课堂听课来提升自己的教育教学理论素养。一九九九年之后，听课就成为我每一天必须做的事，如果有哪一天耽误了，第二天一定马上补上。

校长的身份比较特殊，既是管理者，也是教师；既是研究者，也是学习者。仔细品味自己所听过的无数堂课，发现每次听课的心情竟不一样，不同的时间、不同的地点、不同的执教教师以及不同的听课目的，听课的心情随之在变化。在我工作 14 年之久的同安第一实验小学听课，是为了践行"生命化教育"理论，寻找"生命化教育"在课堂的足迹，帮助教师形成个人的教学风格，这时，我是研究者、实践者；在东渡第二小学听课，更多的是为了弥补自己熟悉生人特别慢的认知缺陷，当然也为了了解学校的教育教学现状，落实自己的教育理念，这时，我是学习者、管理者；在教育改革成为时尚，否定过去、否定传统的今天，"优质课"已演变成教师作秀、表演的代名词，我听老教师的课是为了发现经典、朴实的教育教学方法，听新教师的课是为了发现新方法、激励自我上进、指出自我不足，这时，我成了冷静的探索者。

校长听课是一件非常吃力的脑力和体力劳动。进入课堂就得全身心投入，不管课上得怎样，都不能焦急、不耐烦，因为你的一个举动很有可能会影响到执教教师，影响到课堂的顺利进行。所以，你必须用表情、眼神来与教师交流沟通，激励教师尽可能地把课上好。听完一节课，教师一般会来找你评课，这就更费心力了。你一定要坦诚，要根据不同的教师，掌握好不同的评课分寸，站在教师的立场来思考问题。这样，才能和教师做比较细致、充分的交流探讨，以达到共同进步的目的。这个过程当然是辛苦的，但你经常会有惊喜的回报：发现新点子，找到妙方法，与教师碰撞出智慧的火花，成为教师的朋友……

因为童子功差，写论文成为我最头疼的事，二〇〇〇年之前，都还没有发表过一篇像样的论文。至今，我清楚记得发表第一篇文章时的艰难经历。进修学校的蒋大营老师特地挑选了一篇简短而有趣的文章——《翠鸟》，帮我厘清写作思路，虽然如此，我还是犹如盲人摸象，文章写得支离破碎。他又不得不帮我列了一个提纲，并手把手地指导我把具体的内容填补完整。经过半个多月的煎熬，我终于像挤牙膏似的挤出一篇所谓的论文。后来这篇文章发表在《陕西教育》上，高兴得我梦里都在笑。有了写第一篇的经历，我依葫芦画瓢，开始不断地尝试。由于基本功不扎实，完成一篇文章我总要比别人花更多时间，少则两三个月，多则两三年。

二〇〇一年，妻子调到厦门岛内，她每天下班都要挤公交车回同安。从城南汽车站回到城北的家还有四公里路程，每天下午放学后，我都要骑摩托车去接她。那年头，挤公交车很难，妻子经常要等好几班车才能搭上。这样一来，到同安的时间就无法确定，快的时候，六点半就能接到她，慢的时候，即使等到七点半还接不到。这一段无聊的等待时间，慢慢地也就成了我构思和写作的时间。我在包里放了一本巴掌大的笔记本，一点一滴地记录着：寻找题材、确定思路、整理案例……这段时间，长的有个把小时，短的不到十分钟。这样利用碎片时间构思和写作，一年竟然会有三四篇的文章发表。

有了这样的经历，将心比心，我深知教师写作的不易，经常用自己的做法鼓励教师。哪怕有个别教师动起来，我都会非常高兴，并用蒋大营老师的方法去指导他们，有时连文章的标题、框架都帮他们拟好。那几年，在我的指导下，同安第一实验小学教师发表的论文不下几十篇。在我担任同安第一实验小学校长的十年间，学校的课题研究和论文发表出现了一个高峰。我和教师在一起的时候，谈论最多的也是课堂、课题和成果发表。由于这几方面领先于当时的总体水平，那十年，同安第一实验小学评上了六位"小中高"、三位特级教师，我也是其中的一位。可以这样说，我"领导"着教师成长，同时，教师也在推动着我成长。

成全自己和成全别人一样重要。在评职称、评先进方面，我不能做到无我，但我更不会做那种压制教师突出自己的事情。不管参评什么，只要教师达到条件的，我都会真诚地鼓励他们申报，并指导和帮助他们收集资料，整理资料，做好推荐工作。

记得二〇〇七年，厦门市委、市政府评选首届优秀校长和杰出教师，我们学校有三位老师具备条件（包括我）。当我让教师交材料时，发现数学教师周小青还没有申报，我马上打电话问怎么回事，没想到她决定不申报了。在我的再三追问下，才知道她是为了让我能评上的概率大一些才不申报的。她说，我们学校一下子申报了三个人，即使我们的条件再好，市教育局也不可能让我们同时都评上。她觉得自己退出来之后，我评上的概率会更大一些。她的想法让我非常感动，但我不能为了自己而牺牲教师的利益。我马上找到她，动员她一定要申报。我对她说，按照你的想法，我们三个人申报了，市教育局会觉得我们学校很优秀，说不定三个都能上，也有可能是两个，但至少也会有一个。她还是不为所动。最后，我将自己的利益和她捆绑在一起，她不申报，我就把自己的材料退回来，不然我一生都无法原谅我自己。在我的反复劝说下，她申报了。那一年，全厦门共选出中小学（包括幼儿园）优秀校长 10 名，杰出教师 30 名，我们三个都评上了。

在学校里，教师大多数是有知识、重感情的人，教师的工作是无法用投入的时间来衡量的，而是由他们投入的爱和精力所决定的。对于教师，常规的"管"和"理"很难激发他们的积极性和主动性，"领"和"导"所发挥的作用应当会更有效、更持久一些。

二 〇 〇 七 年

这一年，与"刺头"教师的"过招"，让我领悟到管理的艺术：校长，不是执法的警察，也不是威严的官员，所以不要自以为是强者，不要处处以强者的逻辑来让教师臣服。

这一年，我想尽一切办法来提升教师的自信力。

示弱也是成全之道

这一年，我从同安区调到湖里区，担任东渡第二小学校长。同时，一位教师也从边远的农村学校调了过来，他叫房吉庆。之所以对他记忆深刻，是因为他的与众不同：刚刚调入这所陌生的学校时，他给我的工作增添了不少难度。

开学前的学校工作会上，我宣读区教育局关于教师调整决定的文件，当念到房吉庆的名字时，台下顿时传来一阵嗡嗡的议论声，声音不大，但我还是隐约感受到教师对他有看法。散会后，一位曾经和他同事过的行政人员悄悄来找我，向我介绍他过去的一些"事迹"。

——他长期以身体不好为由随意迟到、早退、旷工，若有谁敢过问，马上翻脸，再难听的话都说得出口；

——他人高马大，率性、粗鲁，动辄对学生拳脚相加；

——对哪个教师看不惯，他总是吓唬说，他与某某黑社会大哥是哥们儿，让该教师"小心点"；

——曾经有一位校长说他几句，他就从四楼往下扔课桌椅，威胁要砸死校长；

……

新的环境，我还不大熟悉，再遇上这样的教师，一种无名的恐惧向我袭来。很多人为我捏了一把汗。

开学后，我有条不紊地开展工作。对房吉庆老师，我采取的是"停、看、思、行"的策略。"停"，即先按兵不动，避免正面交锋；"看"，即留心观察他的各种言行及工作表现；"思"，即站在尊重他人格的立场，琢磨他之所以这样表现的心理原因，寻找改变他的最佳方法；"行"，即等待恰当的时机，以恰当的方式与他"短兵相接"，过过招。

开学不到一个月，他已经多次与中层干部红过脸。有一天，他上课迟到了几分钟。课后，分管教学的行政人员以关心的语气问他："房老师，今天上课你怎么又迟到了？"这下可不得了，他脸红脖子粗的，竭力狡辩道："你胡扯什么呀，我哪里迟到了？你血口喷人，证据呢！"他的威猛、强硬，让这位行政人员又委屈又气愤。还好在我的示意下，她及时走开，避免了在公众场合起冲突的尴尬。

此事我看在眼里，记在心里。过后，我找来这位行政人员，与她沟通，请她宽心，不要把这件事放心上，"相信房老师会慢慢'改邪归正'的"。见识过房老师的冲动后，我隐约感到他之所以浑身长满了刺，似乎背后有某种东西在作祟，但具体是什么，我一时还没想透。

在一切没有弄清原因、找到解决办法之前，我还是"水波不兴"，耐心等待时机。

慢慢地，我发现房老师其实喜欢扎堆，而且人越多，他越喜欢表现自己。他喜欢炫耀自己多么多么有钱，若是有谁流露出欣羡的表情，他就得意得不得了，滔滔不绝起来。甚至为了让别人相信他很有钱，在还没学会驾车时，他就贷款买了一辆轿车，长期停放在学校里。他还经常跟一些教师摆谱，说他在厦门人脉资源丰富，谁有过不了的坎，找他就行了。

慢慢地，我还发现，凡当面直接指出他不是的人，轻则被顶撞，重则被吼骂，甚至会遭到他的威胁。

发现了房老师这些不合常理的言行，我逐步有了底。一天，我邀请房老师到办公室泡茶聊天。

估计是很少有人听他倾诉，整个谈话过程中，主要是他在诉说，我更多的是静静倾听，默默泡茶、斟茶，不时点头配合。房老师告诉我，他在最偏僻的农村长大，家贫如洗，从小吃尽苦头，受尽歧视。他苦苦挣扎，与命运抗争，努力加天赋，终于考上大学，有了今天。我也坦诚相告，跟他一样，我也是农村娃，童年没少吃苦，但有所不同的是，我把它仅仅当成人生一段必经的旅程而已，而非寂寞的忧伤往事。

通过这次交谈，我感觉房老师在心理上与我拉近了距离。他到处和同事们说："我们校长最了解我，我们是很好的朋友。"

这也验证了我的判断：房老师极爱面子，不仅喜欢表现自己，对别人毫无恶意的批评更是极端敏感，难以接受，这源于严重的自卑心理，他怕别人看不起他，只好有意无意地处处示强，甚至用一些极端的言行来掩盖内心的柔弱。

脉把准了，还要掌握火候，开好"药方"。对于爱面子的人，我尽可能不当众损他面子，也尽可能避开与他正面冲突，而是多和他交流谈心，想办法让他把我的话听入耳，记于心，并践行之。

房老师喜欢挑别人的刺，对别人评头论足，特别是对"管"得他不舒服的人更是恶言恶语。那时流行博客，在我的发动下，全校教师都开博客、写博客，随时记录和发表教育教学中的实践和反思，大家经常跟帖写评论，互相捧场。针对房老师的这个情况，我思虑良久，决定"以文会友"—— 写一篇文章来"旁敲侧击"，促他反思。很快，我写了《秤》这篇文章贴在我的博客上——

我的老师蒋大营曾经叮嘱我："我们同安有一句方言说得好，'人人心中都有一杆秤，当你在称别人的时候，别人也同样在称着你'。也就是说，作为行政领导，当你一个人在台上评价教师的同时，台下有几十甚至几百位教师同样在评价你！"

蒋老师的话虽然浅白，却非常有哲理。当我们几个人凑在一起，评论着某人某事时，应该想到要留点口德，因为我们没有办法把每一件事都做得非常完美，更没办法做到人人满意。何况，世界上不管什么事物，不管这个事物有多么离奇古怪，只要它存在，总有它存在的理由，只是我们暂时没有发现而已。所以，凡事应当多从几个角度来审视，多站在别人的立场上考虑问题——"换成我，我会怎么办？"即便可以确信"我"会做得更完美，也应该允许别人有不同的处事方式。

要想构建和谐社会、和谐校园，要想和同事朋友相处和谐，就必须淡化自己心中的那把秤。只有自我意识特别强的人，才会提着自己的秤到处称别人，又经常担心、害怕别人称自己。当然，要做到心中无秤是不可能的，因为人失去了心中的那把秤，就失去做人的原则。

由此看来，秤还是需要的，只是要学会称别人之前先称称自己，或者有空的时候不妨将自己也过过秤。

……

一开始，房老师在我博客里的留言火药味十足。我淡然处之，不争，不辩。过了一段，他悄然发生了变化，克制着不再由着性子臧否人事。与他在一起时，我变着法子肯定他看得见的优点。不到一个学期，很多老师惊讶地发现，他变得好相处多了，而且，他不再迟到、早退，逢人就说，"校长对我这么好，我没理由给他抹黑"。

房老师变"乖"了，自觉遵守学校的制度，也不再动辄与同事发生矛盾。他对学校的事情开始热心起来，主动承担了合唱、排练等任务。但我还是有一块心病——他脾气暴躁，体罚学生的恶习并未根除。我一直在琢磨，对他这样的人，苦口婆心地讲道理效果不佳，该如何是好呢？

一天，房老师班上的一个学生找到我，哭诉房老师如何用力踢他的屁股。我详细了解了事情原委后，一直犹豫着要不要找房老师当面说说。

一犹豫，几天就过去了，没想到又有学生来反映房老师的劣迹。我强忍怒气，尽量让自己平静，告诫自己：对一只自卑的刺猬，若仅凭一腔正义感，盲目"兴师问罪"，其结果只能是两败俱伤。

怎么办呢？我苦苦思索，突然想到那篇博文的效果，灵光一闪，何不来个避实就虚，点到即止，让他"放下屠刀，立地成佛"？于是，我给他发去一则短信："教育孩子的方法有很多种，希望你能选择更好的方法！"很快，房老师给我回了一则短信："校长，我错了，我会改的，我一定会做好的！"收到短信，我长长地舒了一口气，谢天谢地！

房老师还真的践守诺言，不再对学生凶神恶煞，也不再以拳脚教育学生了。

一个学期过去，我和房老师相安无事。

一学年过去了，房老师"脱胎换骨"，师生已由接受他到慢慢喜欢上他。

有记者到学校采访，房老师跟记者掏心掏肺："说真的，我在很多学校都待得很不开心，很痛苦，一直想辞职不干。今年调到这个学校，刚好校长也调了过来，在他的领导下，我再也没有这样的烦恼了，我很快乐，乐意为学校卖命，只要他在一天，我永远不会想辞职。"

房老师甚至还到处说："在这个世界上，我最怕两个人，一个是我老婆，一个是我们校长。"

虽然这是句玩笑话，虽然房老师的转变更多的是得益于学校的人文氛围，但我还是从这"怕"字中品咂出一些治校的哲理：弱，是一切之基，有弱方有强；示弱，才能图强。校长，不是执法的警察，也不是威严的官员，所以不要自以为是强者，不要处处以强者的逻辑来让教师臣服。一个呵护人性、崇尚平等的校长一定会低下头，弯下腰，以"弱者的兵法"治校，因为这是应合人的内在生命之需求与愿望所衍生出来的管理艺术。

想尽办法提升教师的自信力

妻子调到湖里区工作六年了，她每天早出晚归，挤公交车在同安和厦门主岛之间来回奔波。为了她，我离开工作了十四年的同安第一实验小学，调到湖里区东渡第二小学担任校长。

我可能有点"面孔失忆症"，和一个人见过三五次面了，下次再见面时，还是记不得他是谁，即使记住了，也经常人和姓名对不上。这种尴尬场面肯定会给我的工作带来负面影响。为了弥补这方面的缺陷，自踏入这所学校的那天起，每天早上七点半之前，我都站在校门口迎接教师上班，跟他们打个招呼，并通过考勤簿上的签名，强迫自己记住他们的面孔，回到办公室后，再把教师花名册拿出来，在姓名旁边注写他们的主要特征："江姐发型""大帽子""长腿"……

开学第二周，副校长对我说：校长，你的管理办法真好！在校门口这么一站，教师担心被批评，每天都很早到校，下到班级抓早自习。

此时，我才明白，教师曲解了我站在门口的目的，难怪和我打招呼时，眼神和笑容那么不自然。对于这所学校，我是新人，希望能够很快融入这个集体，可是，我的做法却打乱了教师原来的生活节奏，这是我不愿意见到的情况。不管在哪一所学校，我只希望成为教师进步的"火车头"，不想成为人人惧怕的"独裁者"。

我改变了做法，通过其他方式来接触教师、熟悉教师。听课是一个比较好的办法。提前一天告知，让教师有相对充分的备课时间。一般情况下，我听完一节课，还要和执教的教师交流一节课。这看似费时，实则效果不错，既可以了解教师的教学水平，又可以通过一个比较长的接触和互动时间认识教师。功夫不负有心人，半个月之后，我竟然熟悉了全校教师，还顺带了解了学校整体的教育教学现状。和同安第一实验小学相比，东渡第二小学教师的整体水平更胜一筹。不足的是，见不到同安第一小学教师的那种自信和精气神。可以说，东渡第二小学的教师都很"乖"，几乎都以"仰视"的态度对待我的听课、评课，很少发表自己的见解，这也是我不希望见到的现象。因为我觉得，一所缺乏精气神的学校，是没有活力、没有创造性的学校。

教师之所以这样，并非没有缘由。在湖里区，东渡第二小学是一所很平常的学校，坐落于仙岳山北麓，三面环山，一面向海；开办还不到十年，缺乏深厚的文化积淀，地理环境又比较独特，与外界的交流少，连上级主管部门都很少"光临"。种种条件制约之下，教师的视野不够开阔，胆子较小，一味地"乖"，又缺乏必要的职业认同感，更不用说自信心和自豪感了。如何引领教师树立起自信心和自豪感，成为我到这所学校必须做的第一件大事。

充分相信教师，是树立教师自信心的重要一环。一般情况下，我们所崇尚的管理文化，往往是以"人性本恶"为基调的，学校管理也是这样。所有规章制度无不指向对教师的人身限制，尽其所能地限定教师活动的时间、空间，甚至包括思想。我并不反对制度管人，但我只是把它当成学校正常运作的基础。

那时候，教育界普遍推崇"精细化管理"。许多学校对于教师的出勤管理得很严苛，当时还没有指纹识别、人脸识别等打卡设备，一般都采用签到、签退的方式。东渡第二小学也一样，每位教师一天签四次。在如此"精细"的签到制度之下，教师每天首先惦记的不是教学，也不是学生，而是签到、签退，不签心就发虚。

而在同安第一实验小学，几十年来，教师从不签到、签退，也没有出现管理上的乱象，少有迟到、早退的现象，大部分教师对学生、对班级、对工作都特别用心。这种充分相信教师的管理方法，我称之为教师的自主管理。因为自主，教师剥离了一些不必要的思想束缚，因此，在特定的环境、特定的时机，能够大大激发工作的积极性和主动性，也能够树立起自信心和自豪感。我尝试将自主管理的理念移植到东渡第二小学，取消了签到的程序，相信教师能够管理好自己，不迟到、不早退、不旷工。

半个学期之后，"东渡第二小学教师不用签到"成为一条新闻传开了。其他学校的教师非常羡慕。其实，不用签到只是一种形式上的改变，学校从来没有取消教师坐班制度，教师和往常一样认真工作，迟到、早退的现象并没有增加，但是，教师却觉得自己被信任、被尊重，一种自豪感油然而生。

记得那一年福建省政府第一轮"对县督导"，湖里区属于第一批督导对象。那段时间，区领导高度重视，放出狠话："谁出事，谁承担责任！"全区各所学校高度紧张，生怕哪个环节没做好要承担责任。我们学校的教师以前没见过这种阵势，自然人心惶惶。为了给他们减压，营造一种举重若轻的气氛，我写了一篇题为《等待》的文章，上传在博客上：

最近，我们全校都处于一种等待的氛围中，品尝着等待的滋味。

检查组在半年前就确定要来了，半年的等待，我们要收集与整理材料，不足的部分要补齐，装袋要整齐有序，校长、教师要记住相关的教育法规和课程改革内容。除了加班还是加班，"真真假假，假假真真，假作真来真亦假，真作假来假亦真"，国人的处世哲学曹君早就形象精准地概括，何必费尽心力去搜寻迎检工作的理论依据呢？集体性地期待着和盼望着检查组到来的那一天。近了、再近了，时间确实还是在往前推，于是，衣带渐宽、鱼尾纹渐深、笑容渐失……

来了？真的来了？终于来了！确实来了！好像特别雀跃。连一年级的学生也嗅到了异样的气氛，队伍排得更整齐，不再叽叽喳喳、不再尖叫、不再追打吵闹……教室一尘不染，厕所香气扑鼻，墙壁的瓷砖可以当镜子……备查的材料已经反复对照自查了N遍，如今也排成了两列"火车"。备检室的瓜果、小点散发着诱人的香气。一切的一切都那么井井有条，如置身军营一般。

省里面来了五位专家，要在区里检查一周，下校视察一天半。于是，我们又开始严阵以待，原来四点半放学，现在教师改为六点离校。一天半，多么漫长的时间啊！全校行政人员几乎没有一个人能够待在办公桌前坐满20分钟的，坐下、起立、到处走走、打电话侦察、探头观察校门口的车辆，相互询问第100次，"什么时候来呀！""该不会不来了吧？"……

半天终于过去了，明天继续"等待"吧！

这篇文章很快在学校里传遍了，这种自我调侃的幽默表述，给大家带来了谈资。我们在轻松活泼的氛围中，度过了那段难熬的日子。

为了拓宽教师的视野，提升教师的自信心，学校每个学期都会邀请全国名师来上课，语文方面有于永正、王崧舟、窦桂梅、贾志敏，数学方面有华应龙。这些名师都是教师仰望的对象，把他们请到学校来上课、开讲座，并且教师还有机会与他们同台上课，平等交流……

短短的两年时间，很多教师都变得自信了。一些具有自己的教育理念和教学个性的教师，也开始涌现……

二 〇 〇 八 年

这一年，经历过教育的种种"花招"，我终于把目光聚焦在"人"身上，开始尝试寻找更为"简单"的教育——直接与人发生化学反应，并对人产生深远影响的教育。

这一年，职称竞聘风波之后，我对管理有更实际的思考：人性是复杂的，人心是多变的，管理学校若一味想靠制度、规定来达成民主、公平的目的，反而容易在现实中处处碰壁。

寻找与人发生化学反应的教育

经历了中国教育的急剧变革，身临其境了解过许多国家的教育，我逐步意识到，要让教育的落脚点回归到人，回归到学生。

校园多了三棵树

二〇〇八年，厦门市东渡第二小学获得"福建省绿色学校"的荣誉称号。在我担任校长的第二年，学校就获此殊荣，本该是高兴的事，但我总觉得有点名不副实。因为，真正的"绿色"并不在校园内，而是在校园外。学校因坐落在仙岳山公园北门边上，除了西面向海，其余三面都在仙岳山的怀抱里，几乎成为公园的一部分，融入了郁郁葱葱的仙岳山的大环境之中。

说是"绿色学校"，其实功夫并没有放在"绿"上，而是放在"色彩"上。站在校门口往校内看，目之所及的地方，除了水泥地之外，都种上了花草，以三角梅和炮仗花为主，色彩特别鲜艳；即使是水泥地的边边角角，也都摆上了盆花；屋顶和教学楼做了垂直绿化，各层楼的护栏立面，都焊上不锈钢花架，摆放着各种色彩的盆花。一到花季，整座校园就像一艘巨大的花船，色彩斑斓，引人注目。可是，美中不足的是：缺少绿色，没有大树。一到夏天，学校里的鲜花开得十分热闹，但找不到一方树荫。学生课间活动、体育课、班级集会……个个头无遮挡，任由太阳暴晒。这是我最心疼、最无法接受的事。

在参评省级"绿色学校"时，我想趁此机会在校园内种上几棵大树，让学校成为真正的"绿色学校"，更主要的是达成自己的心愿，为师生提供几方上课、游戏、纳凉的树荫。这个提议虽然在行政会上得到了一致赞同，但是，校园面积不大，又历经八年的建设，所有的空地都被蕴含了所谓育人理念的景观占据了，一时竟找不到一处合适的地方。经过再三考量，决定在操场边上种几棵大树，毕竟，操场是学生课外活动最频繁的地方。

操场东南两面的塑胶跑道距离围墙不到一米，原来已经种上了短穗鱼尾葵，位置太小，根本无法种大树。北面倒是有地儿，只是那里已有一个直径约六米的圆形花坛，中间还矗立着一尊雷锋塑像；还有一块长方形的小喷水池，深度不足一尺。估计是喷水设备坏了，常年不喷水，到了雨季便积满了脏水，低年级的学生课间经常到那里玩水；不下雨时，池子见底，龟裂的泥沙上露出零零落落的大小石块。想要种大树，我只能打这两处"景观"的主意：在花坛处种上一棵大榕树，在喷水池位置种上两棵秋枫。

当我在行政会上提出自己的建议时，立即遭到几位老行政人员的反对。他们说："雷锋是好榜样，把雷锋的塑像拿掉去种大榕树，德育功能就失去了，雷锋精神如何在我们学校传承？""喷水池是学校的一处景观，虽然长年没有水，但只要维修一下，看上去还是很美的！""'让墙壁说话''让景观陶冶人'是环境育人的重要组成部分，改为栽种大树，还谈什么'环境育人'！"他们的话似乎也有道理，很难反驳，我一时也找不到说服他们的理由。此事只好暂时搁浅，但我还是心有不甘。

经历了几年"生命化教育"的课题研究与实验，接触过钱穆、梁漱溟、李泽厚的思想，我对教育的追求开始回归理性，对教育的理解开始回归简单，把研究的视野从教育技能转移到教育对象上：人。"环境育人"的理念本身没有问题，问题在于只见"环境"不见人，也就是说，只强调"环境"，而没有首先考虑这个"环境"是不是"人"所需要的，是不是符合作为教育对象的学生的身心发展特点和成长需求。

我引导行政人员和教师把视野聚焦到教育对象上来，提醒他们换个角度思考问题。雷锋塑像是雷锋精神的物化品，并非雷锋精神本身；雷锋精神只有化为学生的言谈举止，才能得以传承，才能成为一种社会风气。校园里是否树立雷锋塑像并不是最重要的，最重要的是要引导和促进学生养成各种好习惯，让雷锋精神化为学生的自觉行为。慢慢地，奇迹出现了，大家都接受了我的观点。

从此，校园内多了三棵大树：一棵榕树，两棵秋枫。

希望一天变一个样的"教育梦"

那几年，厦门正处于"跃马扬鞭谋发展"的阶段。"特区速度"深入人心，各行各业都在提升发展节奏，教育自然不甘落后，同样也在追求"日新月异"的"跨越式发展"。

在岛内（厦门市由岛内两个区和岛外四个区组成），政府对教育的支持力度前所未有，只要学校能快速发展，资金不是问题。这种昂扬的底气，我参加工作二十多年从未见过。记得我在同安第一实验小学担任校长时，教育经费捉襟见肘，一分钱掰成两分钱用，前后相比，真是天壤之别。

不管新学校，还是老学校，都铆足干劲，恨不得学校能够一天一变样。不过，作为教育工作者，大多数校长都明白，"十年树木，百年树人"，跨越式发展的"教育梦"，背离了规律，发展只能是一句空话，甚至可能留下永远的遗憾。

学校建设有软件硬件之分，虽然很难将两者完全区分清楚，但校长们都知道，硬件建设见效最快，软件建设费时费力。比如校风、教风、学风等学校文化，看不见、摸不着，很难量化和展示，而且需要很长的培育时间才能积淀而成。在要求学校高速发展的背景下，这种耗时长、见效慢的事，校长等不起，许多部门等不起。所以，学校就在美化、绿化、净化上花心思。即使是这"三化"，在时效上也有差异，比如种树比种花见效慢，种树十几年几十年才能长大，而种花只要几个星期就能迎来花期。于是乎，种花植草在校园里流行开来，新建各式各样的花园、花坛、花舍；对原有的绿化美化进行再改造，除去原来的花草，种上新的、鲜的、美的品种。还有学校另辟蹊径，在新建改建之后，出了新招、奇招，每年花几万、十几万向绿化公司租鲜花，摆在校园的各个角落，这样做省心省事省力，既不用为照顾花草费心思，学校一年四季还能保持鲜花盛开，在频繁接受检查、评估、参观过程中，能够一下子吸引检查者、评估者、参观者的目光，并获得赞誉，何乐不为？如此氛围下，不少学校很快成为优美如画的花园。

与此同时，更高明的校长把目光转向"环境育人"，把学校的办学理念和景观相结合，赋予校园里的所有景观以一定的教育意义。于是，聚全校之力，用心研究如何让学校的每一面墙、每一处景观、每一寸土地都具有相应的教育理念和教育意义。还有更高大上的做法，花巨资借助教育文化公司之力，为学校提炼教育理念、设计文化景观。于是，雕塑画像、亭台楼阁、山水景观等，逐渐成为学校建设的主流，只要能赋予建设项目以一定的文化意义，就能得到上级认可，经费也就源源不断地拨付下来。于是，又有一部分学校建成了中国传统园林式的校园。

用金钱将环境与教育完美链接，用愿望诠释了最为圆满的"寓教育于环境之中"的理念。一时间，有项目的完善项目，没有项目的创造项目，实在找不到项目就外聘名家来设计项目，于是出现了一派蒸蒸日上的教育景象……

"最"的提醒

一个周末，我回老家，顺便到同安第一实验小学芸溪校区找郑良意校长喝茶。回到自己工作过的地方，一切都感觉那么亲切。

闲聊中郑校长告诉我，芸溪校区的校舍建筑质量出了问题，正在维修。原来，学校走廊护栏的钢管全锈烂透了，二号楼走廊有三根两米多的栏杆掉到楼下，还好没有砸到学生；一号楼二楼楼板下陷，总务主任拿一根竹竿去捅，那水泥地板竟然像饼干一样，一块块剥落，更夸张的是竟然捅出了一个大概六平方米的大窟窿，透过连着水泥渣的钢筋往下看，一楼的教室一览无遗。

记得二〇〇三年芸溪校区刚刚创办时，在整个同安教育界引起轰动，因为它创造了几个同安之最：最大的小学校园占地面积，最多的班级容量，最先进的设计理念，最快的建设速度，最好的名校加持……

什么都追求"最"，结果可能适得其反。我在被深深刺痛的同时，也陷入思考：很多时候，口号式的话语背后往往隐藏着急功近利的动机。那时候，经常听到"一切为了孩子"的提法，教育工作者引用，机关干部引用，建筑商也在引用……他们真心为了孩子吗？我不敢肯定。我只觉得，作为校长，校舍也好，育人景观也好，做得再美，建得再快，如果只是为了外行的几句夸奖，就称不上真正的教育者。

经历这些，我把教育的目光聚焦在"人"身上，开始尝试寻找更为"简单"的教育——直接与人发生化学反应，并对人产生深远影响的教育。

古今中外，许多教育家都将目光锁定在这样一个常识上：教育就是养成好习惯。我开始组织东渡第二小学的骨干教师收集整理"小学生应当养成的好习惯"的内容：以《小学生守则》和《小学生行为规范》为基础，参考美国小学的"班级公约"，再精选我国传统美德经典文本等，梳理出148条"好习惯"，编辑成一本书。为了让学生产生亲切感，便于他们接受，书主要采用第二人称的方式表达，就像教师面对学生娓娓道来，告诉学生遇到什么情况时应当怎么去做，尽量避免使用命令的、"禁止式"的句式；为了让低年级的学生能看得懂，还给文字注上拼音，配上了学生喜欢的漫画化场景。一切都从学生的学习生活和实际出发去考虑问题。

职称评聘风波

如果有人问我，在学校管理过程中最担心的事是什么，我会毫不犹豫地回答：安全。如果有人问我，最纠结的事是什么，我一定会脱口而出：职称评聘。

教师职称评聘工作，每年一次，每一次都如经历心灵的炼狱一般，年复一年，周而复始，撕裂着教师与行政人员、教师与教师之间的情感。如何处理这件事，考验着每一位校长的管理艺术。

记得我调入东渡第二小学的第二学期，教师职称评聘工作就开始了。为了奖优罚懒，体现公开、公平、公正的原则，我决定和全校教师一起，共同制定一份科学的、操作性强的《学校空岗职位和教师职称竞聘方案》，教师职称评聘将严格按照这个方案执行。那时，我满怀信心，因为我相信，制度是学校发展最稳定、最牢靠的基础，一套好的制度可以让学校少走很多弯路，甚至可让学校"一劳永逸"，不管谁当校长，只要依照制度来做，学校必可良性运转。

说干就干，我和学校其他领导、教师代表忙起来，一切严格按程序走：先讨论，再汇总，接着不断调整、修改……为了避免挂一漏万，真正实现精细化管理，我们倾注心血，精益求精。

一个多月后，一份我们自认为完美无缺的考评方案出炉了！

很快地，全校教师大会召开，对方案进行投票表决，结果95%以上的教师投了赞成票。方案通过了，我终于舒了口气，但是我忘了一个最基本的道理：任何有价值的东西都必须接受现实和时间的检验。

那时，教师职称实行评、聘分开的制度。学校已评上中级职称的教师有11位，而学校能够拿出来竞聘的空岗名额只有四个，这就意味着有七位教师会被淘汰，享受不到中级教师的任何待遇。更让人揪心的是，今年竞聘之后，学校中级职称的职位将聘满，没有竞聘上的教师今后几年内将不再有机会聘上。

开始有个别的人悄悄问：这些名额给谁呢？我理直气壮：当然一碗水端平，不是有竞聘方案吗？白纸黑字，一条条对照下来，谁分数高，谁就上。

消息不胫而走。关乎自己利益的教师动起来了，且各有各的招。

有私下来通融的，倾尽苦水，声泪俱下，说干了一辈子工作，要是错过这次机会，恐以后再难有工作热情；有托领导打招呼的，领导的话句句在理，听起来又像是绵里藏针；还有的说"方案"其实制造了最大的不公平，给投机者提供了"投机倒把"的温床……

我呢，还是岿然不动，毫不松口：既然教师大会上通过了相关方案，那就严格执行，就事论事，绝不偏袒。

见我如此"冥顽不化"，几位教师结伴来找我理论。我"舌战群儒"。一番争辩下来，胜负难分，还是各执各的理。

当他们离开时，其中一位丢下一句话："陈校长，你不是口口声声说你的管理是人性化的吗？何必让我们争成这样子呢！我们其实都是讲理的，只是觉得如果按那个方案竞聘，我们原本和谐的教师关系将被撕裂。在这样剑拔弩张的环境中工作，我们感到难受！"

我一怔，心里动了一下，尤其是那句，"在这样剑拔弩张的环境中工作，我们感到难受"，让我恍然有所悟，但又一时说不明白体会到什么。

我还没来得及理清思路，又听到不少教师公开质疑竞聘方案的消息。

一时间，校园上空仿佛弥漫着一股火药味。

没想到，一波未平，一波又起。

一天大清早，孙老师就找到我，希望我"还她公平"。原来，去年按条件她是可以聘上的，但她把名额主动让给了一位老教师，前任校长很感动，承诺今年一定留一个名额给她，"哪想到说调走就调走呀！这事去年她还在行政会上说过的呢……"

天！我感觉头一下子大了许多。不过我还是很清醒地告诫自己：在没有掌握真相之前，切勿轻率表态。我答应孙老师会尽快给她答复，让她先回办公室。

随即，我召开行政会，一问，还真有此事，麻烦的是，这个事至今只有孙老师和学校行政领导知道，其他教师都不清楚。

接下来几天，我心乱如麻，咳嗽、头痛，浑身乏力，连连失眠。

有时候，越是棘手的事情，越需要快刀斩乱麻。

我找来一些教师（包括这一年没参加竞聘的几位教师），平心静气地与他们交谈，我先抛出自己的观点："既然很多教师都否定这个竞聘方案，为何教代会上它能接近全票通过？"

"我们工作都很认真，量化的条文很难如实评价教师的优劣。校长你自己评评看，我们平时哪个不是兢兢业业的呢？"

"教师的工作需要创造性、主动性和倾心投入，而这些是很难量化考评的，如果教师都只按方案里的量化规定去做，那教师就不用研究教材了，只要会写文章；也不必提高课堂效率，只要死命抓成绩；还有，只要会上公开课就够了，何须费心导优辅差，做学生的思想工作呢？"

"考评方案在教代会上为什么会通过呢？一是因为当时觉得竞聘方案公开、公平、公正，没有细想量化的条文是很难正确评价教师工作的；二是因为参加投票的大多是无关自身利益的教师；三是因为校长你是新来的，工作又这么用心，我们怕你伤心，所以给你面子，也就跟着投票了。其实投反对票的，都是今年要竞聘的。"

整个谈话过程，我听到最多的一句话是："我们平时都自觉、认真地工作，真心付出，任劳任怨，为何要让一个死的东西活活绑住！"

这话刺激了我：制订考评方案原来是为了给管理松绑，激励教师的积极性，没想到一不小心它反成了激发矛盾的导火索。

我把自己关在办公室里，开始深刻反思。

我一遍遍地回忆前面几次与教师的"争锋"和交谈。在我的大脑中，"人性化管理"和"竞聘方案"这两个词不断地交替浮现。我细细品味着这两个词，突然，我感觉自己"参透"了教师们话里话外的"玄机"：你知道人性的内涵吗？所谓以人为本、人性化管理，其前提是满足人性的共同需求——人人生而有获得利益及人格受到尊重的权利。

沿着"思利及人"的思路，我开始抓大放小，不断地把问题集中起来。

——每个教师的利益和意见都需要得到尊重，但僧多粥少，规则还是必需的。

——规则就是竞聘方案，但为何他们都说按此方案考评不公平？

——既然竞聘不合理、不公平，那么有没有一套让所有人心服口服的方案呢？

……

问题的突破口在于是否能够做到平衡各方利益，而目前与之最为利益攸关的是已评上中级职称的那 11 位教师——想到这，我豁然开朗，一个妥善处理此事的方案在心中逐步清晰起来。

第二天，我通知这 11 位教师到我办公室开会，并特意安排一个没有参评的教师全程记录。人到齐后，我做了个开场白："老师们，客套话我就不说了，既然大家认为原来那个方案不合理，那么应该怎么做才合理、公平，大家畅所欲言，每人都要发言。今天大家如果能提出合理有效的建议，我们可以修订原来的方案。"

大家开始按顺序发言了，正如我所料，提的都是一些于己有利的建议。很快秩序就被打乱了，大家你一言我一语，声音慢慢大了，情绪也慢慢高涨了，就这样你来我往，言语一个比一个犀利。

我一言不发，始终笑着，偶尔点点头，表示同意某个教师的观点。

一个小时过去了。两个小时过去了。

将近三个小时了，还是没得出任何结果。我看差不多了，就清了清嗓子说："老师们，今天的讨论很有意义，大家都说出了真实意见，但这样的讨论何时有个结果呢！"

我扫视了一下在座的教师，他们纷纷颔首认同。

于是，我接着说："接下来，我们安排一个小时的时间，学校派个代表，由他分别和大家沟通，把大家的意见集中一下，一一罗列出来，最后形成新的方案，你们觉得可以吗？"

老师们都同意我的建议，接下来的事情就顺利多了，不到一个小时，新的方案出来了，竞聘的规则是：（1）按参加工作的年限；（2）按评上中级职称的年限；（3）……接着，是无记名投票，不一会儿，投票的结果出来了，100% 通过。

大家签了名后，我说："我本人原则上同意这个新的方案，但正式出台还需经过学校行政会和全体教师大会审议通过。"接着，我还通报了孙老师的情况，大家都表示理解，同意我的提议：邀请前任校长参加我们的教师大会，在会上和所有教师说明事情的来龙去脉。

行政会和教师大会如期召开，大家一致通过新方案，老校长也如约与会说明情况。孙老师这个"半路杀出的程咬金"让我多了个心眼，我在会上宣布："这个方案只在我的任期内有效。"

教师职称评聘的事情尘埃落定了，学校又恢复了往日祥和的气氛。

我如释重负，在大病痊愈中吸取了深刻的教训：管理学校，若以为靠一套看上去很美的制度就可以高枕无忧，那绝对是痴人说梦，因为单一制度束缚下的学校，是死的，是没有创造力的，更遑论人性化管理！学校的规章制度就如一个钢质围栏，让人望而生畏，如果能绿化美化，同样能达到阻挡的效果，但给人的感觉就柔和多了。

人性是复杂的，人心是多变的，管理学校若一味想靠制度、规定来达成民主、公平的目的，反而容易在现实中处处碰壁。

民主是好东西，但想得到它是需要智慧的。

下编

进与退的平衡：

守望安静的教育

二〇〇九年

这一年，我终于明白：有些好习惯的养成，是需要训练的。一直被世人所认可的行为习惯养成教育四字箴言"知情意行"，在小学阶段，应当调个顺序，变成"行意情知"。

这一年，我开始为"办一所安静的学校"默默付出，也许多年后回望，我没有把心思花在如何打造名校上，失去的是外在的光环，但我坚信，我为学校奠定的方向是对的，把根扎在通往教育的大地上。

学生养成好习惯乃"立校之本"

为配合湖里区东部的开发，厦门市湖里区于二〇〇九年创办了湖里实验小学，教育局任命我为校长兼书记。

一生中，能两次创办新学校，是时代对我的垂青。

湖里实验小学坐落在枋湖社区。枋湖社区是典型的城中村，外来人口占80%以上。学校刚创办时，随迁子女超过学生总数的85%。如何让这些来自全国各地、有着不同语言特点和生活习惯的学生尽快融入厦门，融入城市文明呢？同安第一实验小学芸溪校区为我提供了借鉴——它刚刚创办时的情况，与湖里实验小学极为相似：新校舍、新班子、新教师，还有来自全国各地的新学生。

那时，我天天去巡课。一天下午，我来到一年级，远远就看见走廊上围着一群孩子，似乎出了什么问题。我赶紧走了过去，原来是一年级的林老师在教育学生。五个学生站成一排，低着头，手足无措，其他学生围着看热闹。平时遇到教师教育学生，我一般都会悄悄绕开，不想因介入太多而影响教师的教育方式，破坏原生态的教育场景。但这一次例外，因为林老师被气到面容发紫，她拿着食指对准学生的额头一个一个戳过去，大声训道："我教了二十多年书，从来没有见过你们这么调皮的孩子，敢拿灭火器当球踢！""难道你们不知道灭火器不能踢吗！""你们父母是怎么教的！"……被训的学生耷拉着满是汗水的脑袋，不敢吭声。

林老师抬头看见我，向我倒起了苦水："现在的独生子女真难教，那么多人护着、宠着，习惯真不好！你看，课间活动也不让人安心，好好的游戏不玩，偏偏踢着那个灭火器玩！真是气死我了！"

我安慰了几句林老师，转身问那几位小朋友："你们为什么要玩灭火器呢？"沉默了一会儿，一个小朋友说："它红红的，很漂亮，滚起来像车轮。"另一个接着说："还咕噜咕噜地响！"有的还问："校长，这是干什么用的？"见到一年级学生的无知无畏，我觉得有必要让他们了解一下灭火器。我提起地上的灭火器，耐心地介绍它的用途，然后问："你们明白灭火器的作用了吗？"小朋友一个接一个说："明白了，我以后不再玩了！""我也不敢玩了，要不，学校起火就没救了！"

孩子散开之后，我问林老师："你觉得小学生应当养成哪些好习惯呢？"她想了想说："听老师的话，遵守《小学生守则》和《小学生日常行为规范》。"我又问："你记得它们的内容吗？"林老师又想了想，没有马上回答我的问题，反过来问我："校长你记得吗？"老实说我真的不记得，一时无法回答，只好说："看来我们都忘记了！"

原来如此，校长和教师都不知道学生要养成哪些好习惯，却天天要求学生养成好习惯，这"无米之炊"的教育，其效果自然大打折扣。

在我的认知当中，儒学把《三字经》《弟子规》当成孩子的行为准则，其内容简单易记，朗朗上口，教师、学生包括家长都能做到了然于心，举止有范。时移世易，这些行为准则在有的时候被热捧，但更多的是遭到批判和抛弃。当代小学生的行为习惯准则，主要体现在《小学生守则》和《小学生日常行为规范》中，但它们都非常抽象，缺乏操作性，结果导致学生行为习惯的养成教育无规可循，学校、教师只好头痛医头，脚痛医脚。当学生的行为超越教师的接受范围时，才会引起教师的关注，而教育的方式往往不是指导学生怎么做，而是禁止学生做什么。学生在懵懵懂懂地犯错误之后，才知道自己犯了错误。如此循环往复，学校品行教育不是"学好"，而是"纠错"。

从那年起，我就开始将学生的品行教育收回到"习惯养成"上，下决心编一本适合小学生识记的"好习惯读本"。

二〇〇五年，我到台湾参访时，见到台北东门小学有一本《上厕所小册》，非常细致地教学生怎么上厕所。当时我恍然大悟，原来学生行为习惯的培养，应当具体、细化到每一个操作步骤。

二〇〇六年，赴美国参加培训时，在一些学校，我发现每一个班级门口都贴有"班规"，少的几条，多的几十条。我把它们拍了下来，回国后请学校英语教师翻译，其中有一条是"当别人撞到你的时候，你应当说对不起"，对我的启发很大：好习惯的养成，很重要的一个途径在于处理好人与人、人与事之间的关系。

二〇〇七年，我调到东渡二小担任校长时，组织教师编写"好习惯读本"，以细化的《小学生守则》《小学生日常行为规范》为基础，以传统好习惯、美国小学生班规为补充，还增加了一些当今学校生活和社会生活所需要的内容，共收入好习惯148条，编辑成小学生读本《好孩子，好习惯》，并由华东师范大学出版社正式出版。

正是基于以上种种缘由，我们将引导和促进学生养成好习惯作为湖里实验小学的立校之本。

然而，任凭德育处、班主任、科任教师如何强调，好习惯总是难以在学生身上扎下根。学生保持行为习惯就像提线木偶一样，有提醒才注意，不提醒又放松。这个问题一直困扰着我。

九月下旬的一天早晨，一位姓楚的家长找到我，反映他儿子无法入学的情况，希望我能帮忙。

他的儿子叫小舒，非厦门户口，是原枋梧中心小学一名"臭名昭著"的学生，他长得很壮实，行为习惯非常差，上课爱捣乱，无缘无故大喊大叫，让教师的课都上不下去，还经常对同学大打出手，学习成绩一塌糊涂，全班同学都避之若虎，强烈要求他转学。

那年，枋梧中心小学拟撤办。新学期开学，原枋梧中心小学一至五年级的学生将全部划转至我们这所新办的学校。最后一个期末，学校考虑到小舒同学的表现，就通知家长办理转学手续，把孩子转回老家。但家长并没有这样做，只是把孩子的学籍材料领回去，一心希望自己的孩子能够和其他同学一样，到我们学校就读。枋梧中心小学交给我们学校的学生名单里面没有小舒，一个月快过去了，家长才来找我。

小舒的爸爸是某企业的高管，平时工作忙，很少过问孩子的情况，孩子变成这样子，他很焦急，也很愧疚。他打算请假几个月，在家好好陪陪孩子，帮他改变不良习惯。

为了让事情有一个比较圆满的结果，我在小舒所在的年级做了一次问卷调查——"是否同意小舒回到班级和同学们一起学习"，让全年级同学不记名投票，结果全年级96个同学，只有一个填"同意"，还有一个弃权。

第二天一大早，小舒的爸爸又来找我。

我先跟他讲明情况，学校愿意接收小舒，然后把问卷调查的结果给他看，告诉他，孩子确实"很不受欢迎"，不过，"我们做这个调查不是为了证明这一点，而是为了教育孩子，督促他反省，让他改变坏习惯，养成各种好习惯"。

小舒的爸爸表示：愿意大力配合。

下午，小舒和爸爸一起到了我的办公室。

我把问卷调查材料递给小舒，严肃地对他说："你看看，几乎所有的同学都不愿接受你回来，你要好好反省，为何如此不受同学们欢迎？校长和教师是被你爸爸的诚意和耐心打动的，你要知道你爸爸和妈妈是多么爱你！我们原则上同意让你回到同学中间，但如果你'恶习不改'的话……"

"校长，我保证以后改掉坏习惯，认真学习，与同学友好相处。"小舒急促地说道，一脸的兴奋与紧张。

我送给小舒一本《好孩子，好习惯》，要求他按书上的要求去做。接着，我们签订了一份学校、家长、学生三方共同认可的协议书。

就这样，可谓费尽周折，小舒终于回到了学校。

培根曾经说过："一切天性和诺言都不如习惯更有力，一个人可以诅咒发誓夸口保证，到头来还是难以改变一种习惯。"

确实如此，为了引导和督促小舒改掉原来的那些坏习惯，我和班主任费尽了苦心，他本人也经历了各种困难，付出了很大的代价。比如，克制着上课不做小动作，不吵嚷，但是，多年的坏习惯哪有那么容易纠正，因此，他的表现反反复复，时好时坏。后来，在我的指点下，他在家里摆了一套课桌椅，每天晚上训练坐着不动，从五分钟到十分钟，从十分钟到二十分钟、三十分钟，慢慢地一个月过去了，他终于坐得住了，也开始安静下来了。但是，那一个月，他虚火上升，不是牙疼就是便秘……

经历此次事件，我终于明白了，有些好习惯的养成，是需要训练的。原来一直被世人所认可的行为习惯养成教育四字箴言"知情意行"，在小学阶段，应当调个顺序，变成"行意情知"，年龄越小的孩子，习惯养成教育越应当从行动抓起：先训练孩子形成好习惯；反复巩固产生动力定型，也就是所谓的形成意志；慢慢地，习惯成自然后，遇到什么样的情况，就有相应的行为习惯出现。好习惯形成了，在一定的激励环境中，对好习惯的认同感会日益增强；等到理解能力增强了，自然而然就理解了为什么要养成这样的好习惯。

从那以后，学校便组织各年级的优秀班主任，将"好习惯"的内容细化为可操作的步骤，并分年级、分时间段进行训练，持之以恒地落实下去。

办一所安静的学校

过完清明节的那个周五，教育局的王媛局长找我去她办公室谈话，有两句话我记得特别清楚："荣艺啊，湖里实验小学下学期要开办了，你去筹办吧！""区领导非常重视，希望能把湖里实小办成高端名校。"

湖里区是一个新区，不足三十年历史，文化底蕴薄，每一任领导都很重视教育，都有一种深厚的名校情结，每创办一所新学校，都寄希望办成名校。

为了圆梦，曾经出现这样一件事。二〇〇五年，在油画村附近创办了一所新小学，明确提出要五年内获得福建省素质教育先进校称号，为了实现这个梦想，特向社会公开招聘小学名校长，年薪十万元，如果干得好，每年还将奖励一万元，干不好扣罚一万元；学校固定资产因管理不善造成折旧年限未满而报废或失窃的，也将从校长年预发工资剩余部分中抵扣。报名条件为：任职三年以上的现任小学校长，且现任的所在学校为地市级实验小学或省级示范小学，年龄在 45 周岁以下，具有大专以上学历及"小高"以上职称。

公告发出去之后，无人问津，最后只好不了了之。

当时我还在同安第一实验小学任职，有人动员我报名，我不敢答应，因为我很清楚，湖里区建区近三十年了，还没有一所省级示范小学。我当然不敢承诺人家去做一件明知无法做到的事情。

　　我担心的就在于此。区委区政府对湖里实验小学期望很高，给了很多的优惠政策，说白了就是奔着办一所名校去的。他们可不在乎教育发展的规律，不在乎名校需要悠久的历史积淀，他们在乎的是快出政绩。

　　我曾经参观过很多"名校"，做了不少笔记，拍了无数照片，也收集了不少的学校简介、讲座文稿，这些资料我都珍藏着。我把它们翻了出来，希望找出一所适合湖里实验小学参照的"名校"。为了便于比对，我根据这些"名校"的特点分成了几种类型：

　　财大气粗型、人脉广博型、理念高深型、师资精英型、国际接轨型、官方站台型……

　　经过比对、分析、综合后，我无比失望地发现，不管是哪一类型的名校，对于湖里实验小学来说，都是可望而不可即的存在。如果硬要"拷贝"名校，也只会落入邯郸学步的境地，有违我的本心。

　　一天，我和筹备组其他两位成员去拜访枋湖社区，途经一面巨大的房地产广告牌，上面写着："入住某某小区，就读某某小学，享受一流名校教育。"我们三人在广告牌前站了一会儿。教导主任指着广告牌不屑地笑了笑道："那也叫名校，开办不到一年，六个年级都还没开齐呢！"总务主任却见怪不怪，回了一句："房地产商说它是名校，它就是名校！不是名校也是名校。"我心想，总务主任还挺有哲学功底，绕口令似的辩证法随口而出。不过细想一下，还真如总务主任所说，名校并不是由教育主管部门定义的，而是由社会需求定义的：房地产商为了利润，家长为了面子，官员为了政绩……

从古至今，"名"与"利"是共生的，缺此失彼都不能生存。因此，在市场经济背景下，中国"名校"喷涌，从大学直至幼儿园全面覆盖。实际上又有几所真正的名校呢？

从此，"名校"不再是我办学的追求。那么，我想办一所什么样的学校？以前，我很少认真思考这个问题，基本上处于一种"跟着感觉走"的状态。现在，湖里实验小学的创办，刚好为我提供了厘清自己办学主张的机会。

八月底，学生注册的那一天，许多家长把孩子送入学校后，久久不愿离去，他们或聚集在学校大门外，或排列在围墙外，个个踮起脚尖，伸长脖子，有往里看的，有和自己孩子挥手的。还有几个家长，竟然明目张胆地爬上了学校一米多高的墙基，双手抓着栏杆和孩子喊话，整个学校闹哄哄的。

这样的场景，更加坚定我"办一所安静的学校"的想法。"办一所安静的学校"缘起于几年前。二〇〇五年，我参访台湾地区的教育，考察了那里的七所小学；二〇〇六年，我又赴美国参加教育培训，参观了加州的六所小学。这些不同地域、不同民族、不同文化的学校，都有一个突出的特点——安静。这几所学校都安静得让我羡慕！

记得在台北东门小学考察时，在学校门口迎接我们的是温校长和两个学生；在会议室接待我们的也还是他们三个人，学生负责端水，校长负责介绍；带领参观学校时却只剩温校长一人。没有鲜花，没有掌声，更没有热烈的欢迎仪式，一切都那么简朴、安静。东门小学的校园不大，却容纳了 2200 名学生，尽管拥挤，却一点也不吵闹。受到安静氛围的影响，我们参访团一行十几个人的谈话声也渐渐低了下来。我的心安静而不平静，为学生创设安静的学习环境的梦想由此而生。

美国的小学也是如此安静。平安夜那一天下午，我们参观一所教会学校，只有校长一人接待我们，所有教师、学生都在忙着准备那天的平安夜晚会。校长带我们随意参观了几间教室，每一间教室都忙碌而安静，我们见到三年级的学生在用白纸做头饰，独具异国风情的头饰吸引我们走进教室。里面的学生非常专注，他们有的坐着，有的站着，还有趴着的，从表情可以看出他们都很兴奋，但他们都很自然地小声交流，教室还是显得忙碌而又安静。我们十几位校长都蹲下来和学生一起做头饰、戴头饰，和学生一起感受平安夜的快乐。

由此，"办一所安静的学校"的梦想在我心里扎下了根。

湖里实验小学开办了，我不可能将它办成名校，至少在我任内无法实现，但或许我能"办一所安静的学校"，为学生提供一处能够安静学习，安静成长的环境。

那么，如何才能让学生、教师和学校安静下来呢？许多问题接踵而来。

美国这所教会学校有一条"班规"特别打动我："当别人撞到

你的时候，你应当说对不起"。很多学生的矛盾都是由这种小碰撞、小摩擦引起的，如果双方不愿各退一步，很容易升级为吵架、打架事件，甚至引发家长与家长的矛盾。美国小学的"班规"大多就是针对学生之间相处的一些细节，这样的细节教育正是中国教育缺乏的。

我想，美国和我国台湾安静的校园环境，应该与注重细节的"班规"相关。所以，湖里实验小学要"办一所安静的学校"，也应该从养成学生良好的行为习惯和学习习惯这些细节入手。为此，我提出"书香陶冶气质，习惯成就人生"的培育目标，希望由此实现学生的"安静"。

湖里实验小学创办伊始，就紧紧围绕"书香""习惯"两大活动主题来推进学校发展，确实达到了一定的成效。

不过，大家都知道学生好动，一味要求学生保持安静是违背他们天性的，必须动静结合，动完之后才能达到更静，静完之后需要有所发泄，这样才能达到动静平衡的境界。为了鼓励学生在静的氛围中动起来，湖里实验小学特别重视体育、艺术和科技活动的开展，建立各种各样的社团和兴趣小组，为学生搭建各种动的平台。

对于学生来说，内心的安全感才是最重要的静。心静，人才会静。那么，教育教学过程中，如何让学生的心静下来呢？湖里实验小学倡导克制自己，尽量不体罚和变相体罚学生；不给学生的学习成绩排名；善于与家长沟通，尽量发现学生的长处……更为重要的是，在学生犯错时，杜绝教师采用"连坐"的不人道办法，因为"连坐"是教师最常用的教育手段，希望通过连坐达到互相监督、互相促进的目的，然而，"连坐"扰乱心灵，让学生无法静心，最能撕裂学生之间的情谊，最能引起学生之间的对立，最会给学生之间树立敌意。

学生的安静同样来自教师内心的安静。教师安静了，教育才显得温馨而智慧。

我很清楚，在无所不竞争的今日，要让教师内心保持平静非常难。职称评聘、绩效分配、评优评先、检查评估等，已经足以在教师的内心掀起波澜。这种普遍的社会管理模式我无力改变，我只能改变自己，让自己的言行更松柔一些，比如，我非常警惕自己对待教师的态度，避免将上级或社会的负面情绪传递给教师，避免将自己的压力转嫁给教师。为给教师创设一个相对安全的环境，我自己也有意识地设置一道"防火墙"，防止各种负面情绪的侵入。

我选择相信教师，虽然要求教师坐班，但好几年时间都不要求他们签到、签退，而是依靠教师的自觉性。如果遇到一些特殊教师或特殊情况，我很少在会上进行批评，而是给他们发短信，告诉他们应该怎么做会更合适。我经常给教师讲缘分，我们能在一起工作就是一种难得的缘分，全世界七十多亿人口，我们教师也才七八十人，相遇的几率是一亿分之一，所以要特别珍惜。有一段时间，学校请音乐教师教大家学唱《相逢是首歌》，以此来激发同事之间的友谊。记得学校第一位教师退休时，全校教师为他唱这首歌，许多教师边唱边落泪。

经过大家的努力，学校不断地往安静的方向行走。

一位来自山东的孙校长参观完湖里实验小学后，给我写了一封信，信上说：我返回后，难掩激动之情，直接打电话给省教育厅厅长说，我看到了我最想看到的学校，她在厦门，她是一所安静、有底气的学校，那里面有我太向往的从容与优雅。

　　"在湖里实验小学，教师个个都是真心喜爱学生、喜爱学校生活的人！"

　　"在湖里实验小学，校长在骨子里将学校与学生的发展自然融入到生命的成长中，不割裂，于是出现美好的境界！"

　　"在湖里实验小学，我不经意间遇到的每一个人，都能让我体察到他们生活在学校放松的生命状态中，包括家长在内。"

　　孙校长在信上提到了几个词——安静、从容、优雅、放松，准确地道出了我一生的追求，也道出了我"办一所安静的学校"的基石。

　　几年间，安静成为湖里实验小学与众不同的特色，局长几次语重心长地对我说："荣艺啊，你学校办得不错，可是宣传跟不上，不了解的领导还以为湖里实验小学办得不好呢！"我也很想宣传啊，但又找不到能够吸引人眼球的内容，我觉得良好行为习惯的养成教育、师生喜欢阅读、学生大量阅读……本来就是学校的主要任务，做好了，也是应该的，怎么好意思去宣传呢！

二 〇 一 〇 年

这一年，面对食堂的吵闹难题，我不再习惯于管理上的驾轻就熟，挣脱了惯性管理的束缚，不断走出思维盲区，终于找到问题背后的原因，切实有效解决了问题。

这一年，我花了不少心思和精力倾注在新教师的成长上，也从中领悟到：所谓好的管理，无非是回到人本身，在尊重的前提下，于有益新教师成长的细节处下大功夫。

走出盲区

十几年的校长经历，让我积累了一些学校管理的经验。这些经验具有强大的惯性，推动着我前行。不管到什么样的学校，我都能驾轻就熟，很快进入角色。湖里实验小学自二〇〇九年开办后，很快就进入发展的快车道。

在同一个地区，小学管理工作大同小异。依靠一定的管理惯性，省力高效。但是，它也隐含问题，有时会使工作走向反面。

二〇一〇年年末，学校二期工程建成并交付使用。根据规划，二期工程中的体育馆一楼是 800 多平方米的师生食堂，设有一百多个教师座位，六百多个学生座位，可以解决一部分学生的中午就餐问题。

食堂开放的第一天，我那"办一所安静的学校"的梦想就破灭了。

中午放学铃声一响，原来一片安静的校园顿时沸腾起来。我担心是不是学校门口出了什么安全问题，赶紧从四楼办公室跑下来，但见校门内外井然有序，一排排学生在教师的带领下走出了校门，家长也在等候区耐心地等待自己的孩子。见此情景，提到嗓子口的心才慢慢放下来。

这时，我才发现沸腾的声音是从食堂里传出来的。原来，食堂员工没经验，只设了三个学生分餐窗口，等待分餐的队伍一直排到了餐厅门口，前挤后拥，吵闹声、哭声、餐具的敲打声响成一片，场面几乎失控，真是惨不忍睹。

我立即召集所有行政人员到食堂维持秩序，并安排几位教师帮忙分餐。过了一个小时，混乱的午餐终于结束了，但吵闹声依旧不息。因为学生的午休没有组织好，有的在教室里大声喧哗、追跑打闹，有的干脆跑到操场玩。这与我们原来设想的午餐后在教室写作业、阅读的场面完全两个样。

照此下去，怎么可能成为一所好学校！

那天下午，我把自己关在办公室里，将原来设计的食堂管理方案梳理了一遍，希望从学校决策层面找到症结所在。

对于我来说，开设学生食堂是一件陌生工作。早先在同安第一实验小学，学校食堂是以为学生提供课间餐为主的；后来到东渡第二小学，学校食堂主要解决教师的午餐问题。所以，我并没有开办"大食堂"的直接经验，再加上惯性管理所产生的思维定式，觉得这是总务处的事，于是就将食堂管理的任务划分给总务处。在此决策过程中，所有行政人员没有一丝异议，总务处主任也觉得理所当然。

总务处很负责任，也意识到了学生就餐的复杂性，因此，做了大量的前期工作。为了避免不同年段混杂在一起、大同学欺负小同学的事情发生，总务处给餐厅划分了区域，将低年级、中年级、高年级区分开来；为了让学生等餐有序，安排了三个配餐窗口，分别给低、中、高三个年段配餐。在此基础上，还要求班主任负责组织学生到餐厅排队候餐。

总务处的这些做法，很容易让人联想到自己中学时代在学校食堂用餐的情景。也就是说，总务处实际上是将中学食堂的管理办法加以改造，然后用于小学食堂的管理中。这样一来，难免水土不服，所以第一天就出了乱子。

很显然，我和学校中层都进入了一个惯性管理下的盲区，找不着正确的工作方向。从一开始，学校行政人员在研究开办学生食堂的工作时，更多的是考虑此项工作的归属问题，而忽略了怎么服务好学生这个核心。这种南辕北辙的策略，正是惯性管理的局限性所导致的，所有行政人员都沉浸在惯性管理的轻松状态下，形成惰性，懒得思考，因此，经验复制成为学校管理的主要方法。当遇到开办学生食堂这种复杂工作时，问题就暴露出来了。

发现症结，就得对症开药。

当天下午放学后，学校紧急召开行政会，研究解决学生午餐、午休混乱的问题。刚开始，大家还没有从以往处理问题的思维惯性中走出来，觉得谁出问题谁负责，所有矛头都指向总务处，总务处主任特别委屈。我主动承担责任，做了检讨，并分析了主要问题在于"目中无人"（心中没有学生）。我开了一个头，其他人很快就找到了解决问题的方向——学生管理。他们不再责难总务处，而是从学生身上寻找解决问题的突破口。于是，食堂管理工作开始细化：厨房管理、餐厅保洁等归总务处管；学生午餐、午休归德育处管；负责学生午餐的教师工作由教导处协调解决。工作重点、难点都是学生如何有序就餐的问题，其他处室必须协助德育处。

德育处行动非常精准、迅速，第二天上午，就分别组织年段长、班主任、配班教师召开会议，安排教师负责管理学生午餐、午休等工作：落实各班午餐人数，在餐桌上贴座位号码，给每一位学生以固定的座位；班主任、配班教师轮流负责整队前往食堂等待配餐，并与学生共同进餐；全校教师轮流管理学生午休，午休期间，组织学生在教室里休息、阅读、写作业。此外，还对学生进行用餐礼仪培训：排队、洗手、端盘、吃饭、餐盘回收、说话控制音量……

总务处将学生配餐窗口由三个增加到四个，缩短学生排队等餐时间。

很快，午餐、午休的吵闹声小了下来。

好景不长，一个月还没到，吵闹声又慢慢大了起来。毕竟，午间不同于课堂，学生很难严格要求自己，一部分教师的管理也不到位，对待学生的吵闹睁一只眼闭一只眼。我很郁闷，要做到安静怎么这样困难啊！问题到底出在哪里？

我找德育处主任了解情况，她很委屈，觉得自己已经很努力了，还是无法达到"安静午间"的目标。她认为，学生构成特殊，进城务工人员子女居多（85％以上），导致学生整体性子太野，很难养成好习惯……

学生中进城务工人员子女多，这是事实，我无法反驳，但心里还是有点不是滋味，到底哪里出错了呢？

为了不打击德育处主任的情绪，也为了探索一个比较好的解决方法，我给她出了一个主意，让她多了解几所兄弟学校的做法，希望通过借鉴，找到解决问题的出路。

第二天，德育处主任兴冲冲地告诉我说，加强处罚力度是最好的办法。

紧接着，德育处主任、各班班主任开始忙了起来，分别召开了午餐学生会、家长会，宣布了学生午餐、午休纪律，并强调：若有违反纪律的行为，第一次，警告；第二次，由班主任告知家长，家长必须配合教育；第三次，暂时取消午餐资格，一周后由家长申请，可以恢复在校午餐、午休资格，如果再次被取消资格，本学期不能再恢复。

这一措施实行之后，学校午间的吵闹声确实小了很多，学生和家长都担心被取消午餐、午休资格，因为一旦取消，整个家庭的生活秩序将被打乱。

不过，虽然午餐、午休的吵闹声小了，但还是无法达到"安静"的目标。经过观察，我发现有两个产生噪音的环节，第一个环节在于排队等餐，虽然有四个窗口，但还是不够，四个等候配餐的学生队伍都足足有 20 几米长，学生之间的小碰撞、小摩擦、小争端时有发生，加上经常有一、二年级的小朋友餐盘端不稳，撒得满地饭菜，整个餐盘掉落在地上的事情也时有发生；第二个环节在于，食堂过道上摆了两个大塑料桶，用于回收餐盘，可是塑料桶比学生的课桌还要高，学生用完餐之后，往往将餐盘一扔了事，不锈钢餐盘的撞击声音特别大，特别烦人。

发现问题后，德育处提出了两个应对方案：一是分流学生，减少配餐排队时间。一、二年级学生年龄小，自理能力不够，他们不再排队等待配餐，而是由食堂工作人员提前十分钟将午餐配好，一份一份摆放在他们的座位上，一、二年级的小朋友进入餐厅后，就可以直接到自己的座位上用餐。这样，原来的队伍少了三分之一，等候配餐的时间缩短了不少，餐厅显得更加有序了。

可是，回收餐盘的环节，不管德育处如何培训、管理、监督，收效都不大，该乱的还是乱，该响的还是响。很长一段时间里，我和德育处都绞尽脑汁，却找不到一个解决乱象的办法。难道我们又进入了惯性管理的盲区？

我开始调整思考方向，这才发现，针对回收餐盘这个环节的管理策略，每一条都指向学生，所有考虑到的措施，都是指向如何限制学生的吵闹行为，从来没有往别的方向去寻路，所以导致再次进入惯性管理的盲区。我们把心思从对"人"的改变转移到对"物"的改变上。不锈钢的餐盘撞击的声音特别大，改成塑料餐盘后，声音小了许多。后来，把又大又深的塑料桶换掉，改成开口大、桶底浅的餐盘车，学生放餐盘的声音又减少了一些；再后来，餐盘车朝上的开口改为侧面开口，而且设计成35°角，学生放餐盘时必须以斜插的方式放入，这样声音就更小了。

挣脱了惯性管理的束缚后，我们不断走出思维盲区，找到问题背后的原因，切实有效地解决问题。湖里实验小学的食堂，后来成为一个校园亮点。

新教师的成长，适时而变

湖里实验小学开办第二年，教师队伍的新老搭配问题出现了，新教师占全校教师数的一半以上，教师平均年龄 29 岁。如何带好这一支年轻的队伍，是我这一年乃至今后几年所面临的挑战。

曾被"欺新"，更懂"惜新"

在新教师刚刚走上讲台的起步阶段，学校领导和老教师的接纳方式对他们今后的顺利成长起到了至关重要的作用。

一九八二年我师范毕业，分配到城郊的一所农村中心小学，学校就把四年级一班"丢"（没人要）给我。课没上几天，我就发现这个班级集中了全校最出名的四个"坏学生"，号称"四大金刚"。直到现在三十多年过去了，他们的名字包括"音容笑貌"我都还记得，因为太刻骨铭心了。从我进入这个班级开始，没有一节课能顺利上完。

记得在一节语文课上，其中一个"金刚"捣乱，将一把弹簧刀插在书桌缝里，拿手指对准刀柄不时地拨弹着，发出了"砰砰"的声响。同学们纷纷往他那边看，他又"咿咿呀呀"地发出各种声音，课又上不下去了。我当时很怕这四个孩子，不敢管他们。但是在那种情景下，我实在忍不住了，大声喊他站起来，他坐在教室后排，装作没听见，继续自娱自乐地弹拨着。我气冲冲地走过去，抓住他的胳膊往上提，想让他站起来，没想到他人高马大，我提不起来。我只好恶狠狠地盯着他看，他也恶狠狠地盯着我看。我一冲动，在他肩膀上狠狠地推了一下，他后退时绊倒椅子摔倒了。没想到，他立即爬起来，想也没想就拨出那把小刀，冲我刺来。真是狭路相逢勇者胜！我这时怕了，赶紧跑出教室，他尾随我，紧追着，在小操场上追了两圈，还好校长听到吵闹声从办公室里出来，刚好看到我那"丢人"的一幕。这个事情当时变成一个新闻，传遍整个学校。校长觉得我不适合继续任教，就把我发配到莲花乡（山区）的一个大队（村）参加计划生育工作队，我曾为此羞愧不已。

其实，像这样的事，不仅我一个人经历过，很多教师，尤其是新教师都有过类似的危险历程。当"给年轻人压担子，多给锻炼的机会"成为"欺新"的借口时，学校对新教师的人文关怀就已荡然无存。此时，不仅仅伤害了新教师，还撕裂了同事之间的情感，往往还会由此而波及无辜的孩子。

经历了那段刻骨铭心的日子，我明白了一个道理，新教师好比刚要蹒跚走路的小孩，需要经过一个由扶到放的成长历程。在我担任学校领导职务后，最不能容忍"欺新"行为，对于新教师的管理，更在"先扶"上下足了功夫。

其一，安排新教师任课时体现"惜新"，交给新教师的班级起码要"中等"，并让这种排课理念慢慢成为学校传统。

其二，在学科教学上，给新教师安排比较好的指导教师，结成师徒对子，促进他们尽快提升课堂教学水平。

其三，如果新教师担任班主任，便会安排一位有班级管理经验的老教师当他们的配班，两人共同承担起一个班级的管理工作。

在"做中学""学中做"，这是新教师成长的基础，有了这"先扶"的第一步，他们教书育人之路便不容易偏离正道。湖里实验小学的新教师虽然比较多，但因为有老教师的细心呵护和引领，成长都比较快。

帮新教师顺利度过"后学生期"

与开学初忙乱和无序相比，国庆过后，新教师已经基本适应了学校的工作环境。当走上讲台的新鲜感失去之后，隐藏在他们身上的问题便开始显露出来。

一天早晨，第一节课上课铃响后，我去巡课，走在从办公楼通往教学楼的连廊上，发现一位新老师从停车场出来，经过操场，急匆匆地赶往教学楼，分明是上班迟到了。对于教师上班迟到，我一向注意掌握分寸，新教师也不例外。我装着没看见，拿出总课表查清他第一节课是否有课，如果有课而迟到，放任一个班的学生等待老师来上课，那是不允许的；如果没课而偶尔迟到，我一般会睁一只眼闭一只眼。毕竟如今教师的工作负担太重了，我不忍心再增加他们的心理负担。

还好，这位教师第一节课没有课务。

令我没想到的是，国庆之后，新教师们迟到的现象不断出现，今天这一位，明天那一位，有点越来越多的趋势。有一次，我又遇到一位新教师迟到，我把她叫过来问明缘由。她告诉我说，自己设了闹钟，就是起不来床，只好连早餐都没吃就赶来学校，没想到还是迟到了，她表示今后一定不再迟到……既然她已经明白自己违反校规，我就不再批评她，真心希望她尽快跟上学校的快节奏。

那段时间，我经常找机会请新教师到我办公室闲聊。为了减轻他们的心理负担，闲聊一般都会同时邀请二至三人，在闲聊中穿插进教育教学问题、作息时间问题……一个多月的关注和私聊，新教师们的迟到现象慢慢地少了。

通过观察，我发现新教师身上明显存在着几个不良习惯，虽然不是什么原则性问题，但如果不改变，必将给他们的成长带来负面影响。

其一，时间观念不强。小学教师的工作时间性很强，尤其是早晨，很多父母为了赶早上班，早早就把孩子送到校门口。为了孩子的安全，学校安排教师每天早晨到校轮值。一般情况下，新教师都感受不到学校安全的重要性，所以忘记和迟到的现象时有发生。

其二，随心所欲，纪律松散。学校组织教师会、公开课等公共活动时，经常会发现新教师一心两用，或交头接耳，或玩手机、发短信，或做别的事情。

其三，盲目自大。总觉得自己是本科生，教小学绰绰有余。特别是那些从小就担任学生干部的新教师，更是自信满满，把学生时代习得的教育方法直接用在学生、家长身上，导致家校关系不和谐。

这是一种明显的时代特征——"后学生期综合症"：睡得晚、起得迟、逃课、翘课、自大、课堂随心所欲……

面对新教师出现的这种新状况，我反复提醒自己，不要慌乱，要有耐心，寻找最佳解决问题的途径比发脾气更有用。

二〇一一年元旦前一天，学校给新教师的父母发了一张邀请函——新教师父母新春座谈会。把两年来新入职的教师父母都请到学校来，我想借父母之力促进新教师迅速成长。在中国，无论子女年龄有多大，都是父母眼里的孩子。这些"孩子"从幼儿园开始，一直到大学毕业，无不有父母陪伴着，即使参加工作了，父母还是会牵肠挂肚，生怕他们无法适应。

新教师父母座谈会是这样安排的：

其一，带领父母、嘉宾参观学校，让他们了解"孩子"工作、生活的环境，特别是教室、宿舍、食堂、图书馆等。

其二，介绍学校的办学情况、办学理念、办学成就等，让新教师父母对学校的过去、现在和将来发展方向，有一个感性认识。

其三，汇报新教师一天的工作。既要完成教育教学，还要进行家校沟通，既要抓好成绩，又要完成各种培训任务……让父母明白，新教师所面临的工作压力。不然，他们压根不知道学校工作压力有多大，"孩子"回去诉诉苦，他们不仅不理解，还"火上添油"："不就一天上两三节课，有什么苦的呢！"他们没有想到，自己的"孩子"正面临人生最大的转折，一旦没有找准拐点，可能要一辈子绕弯路了。

其四，指出新教师身上普遍存在的"后学生期综合症"问题。

然后和父母商量，如何一起携手，让这些"孩子"尽快完成角色转换，比如说，早晨要注意早起，晚上要注意早睡，对学校有什么抱怨要帮助化解，如果孩子跟同事有比较尖锐的冲突，要及时向学校反馈，我们一起来疏导。

最后，请家长为学校管理提建议。

实践证明，新教师父母座谈会很成功。从那之后，新教师身上的"后学生期综合症"很快消退。

在"机器"中融入情感的管理

今天，人们的衣食住行越来越高度依赖于机器，学校管理、教育教学也不例外，如何在学校里做到既能使用好机器，又能摆脱机器的控制，是现代校长的一门新课程。

在新教师的身上，用好机器是他们的强项，他们的人生已经和机器紧密相连，离开机器他们不知道还能怎么工作、学习和生活。

有个下午，学校教师 QQ 群先后出现了三条信息："一年二班的电脑这两天都失灵了，屏幕经常都没有字，投影都是蓝屏，无法投影"；"一年三班投影很模糊，都看不清了"；"我们班的也是"。这三条信息分别来自三位教师，三位新教师。

三条信息背后，让我隐忧的不仅仅是学校电教产品质量问题，还有背后释放的两个重要信息：一个是新教师离开了"多媒体"就无法教学了；另一个是新教师同事之间情感淡漠。年轻人已经习惯于"手指动一动，需求就解决"的信息化生活。在工作上遇到问题，他们首先想到的是机器，机器才是解决问题的最好帮手，而不是具体处理问题的人——总务和维修人员。

我通过私聊，分别给这三位新教师发信息："×××老师你好，给别人发信息时要有称呼、有请求，有落款……这样才有礼貌！"

过了不久，我分别收到了三条回复，他们表示：以前习惯了发信息没有称呼，以后一定注意……

在这个时代，用好机器是标配，难的是在使用机器的过程中不忘人，不忘人情和人性。我固执地以为，学校是育人的地方，"人"的全面和谐发展才是教育的核心，离开这个核心去谈教学，就如身体失去了灵魂。所以学校教育必须先教做人，要教孩子做人，教师首先应当学会"做人"。这一点对于新教师尤为重要。

在学校管理上，我也经常用到手机，只是在使用的过程中多了一点用心，渗入了浓浓的情。

教师会上，一位老教师在分享读书心得和教学经验，有一位新教师却埋着头，专注地拨弄着自己的手机，估计已沉浸在聊天的快乐之中。我没有生气，也没有指名道姓公开批评他，而是给他发了一则短信："游老师好，老教师在分享教育经验时，认真听是对他们劳动成果的尊重，也是对他人格的尊重。"很快地，我收到了游老师的信息："谢谢校长提醒，以后一定改正！"之后，我再也没有见到他在教师会上有分心的情况。新教师迟到或忘记轮值时，我也及时发短信，提醒他们轮值的重要性……很多新教师收到短信后，都会立马改正自己的缺点。

对于新教师的小缺点，我不做公开批评，而是巧用短信，采用关心、期盼、引导式的语言，效果却出奇的好。

留有"情味"的契约文化

那年，学校一位只工作半年多的英语老师辞职了，其理由是"陪丈夫到国外留学"。这是契约文明环境下必然出现的社会现象，人们有自由选择过什么样的生活，从事什么样的工作。

有人选择离开，有人却选择进入。记得那一年，在学校接受的19名新教师中，不乏拥有教师情结的年轻人，其中一位教师姓杨，报考教师的经历很感人。他辞去了建设银行光鲜的工作，在家自学教育学、心理学，获得教育部门颁发的教师资格证书后，再经过一年的努力终于成为一名语文教师。他放弃很多人梦寐以求的银行工作，成为默默无闻的小学教师，原因只是他的父母是教师，他觉得自己特别适合当教师，也特别喜欢教师的身份。

随着时代的进步，入职与离职不再牵扯年轻人的生计问题，在他们心目中，教师这份契约的分量开始变得无足轻重了。可以很潇洒地来，也可以很潇洒地走。如何在留得住新教师的基础上，成全新教师的发展呢？

学校有一位新教师，从小学到大学一直都担任学生干部。她觉得自己水平很高、很了不起，平时与家长沟通很自信，常常用批评的语气跟家长谈话。学生家长受不了，团结起来找我要求换教师，而且"威胁"我，这个事情如果不解决，就要打电话给报社。

在厦门，学校教师的文明奖与学校的年度考核挂钩，只要有教师被曝光或投诉有"师德"问题，学校的教师文明奖就堪忧，不是取消就是减少。对于工资收入本来就不多的教师来说，这种连坐的处罚方式效果特别好，每一位教师都特别害怕所谓的"师德"问题被曝光，因为一旦被曝光，其他教师的收入就会减少，自己也会成为全校教师的众矢之的。因此，许多学校经常弥散着一股负面情绪，无孔不入，到处传染。遇到这种情况，我尽量避免负面情绪的传染，站在呵护新教师的角度来考虑解决问题的办法。对于家长，我会代表学校，对于他们所受到的"语言伤害"表示歉意；然后向他们解释新办校的新教师多，所有班级都离不开新教师任课；接着，我不断挖掘这个新教师的优点，让家长感觉到这位教师成长得很快，孩子在这个班级还是很有期盼的；最后，我说服家长理解学校，中途不可能换教师，请家长再考察一个学期，一个学期过完之后，如果新教师没进步，多数的家长还不满意，学校一定换，这也是最后的退路。

对于新教师，要不断"跟踪"，除了指导教育教学方法外，还要教他们家校沟通的方法，引导他们去适应各种各样的家长。每个家长的教育观念不同，对孩子和教师的期望也不同。要引导新教师学会判断哪些期望是适当的，哪些是有所偏差的；在跟家长沟通时，应注意讲话技巧，让他们体会到教师的真诚和专业。

和同事之间处理好关系也是新教师的一门课程。

那一年，我有一个邻居也是新入职的教师。他一心盯着班级的分数排名。有一天，他在做学生考前动员时讲：虽然我们现在的平均分数少隔壁班四分多，但是，我们班其实很有优势，教师有能力，同学很聪明，我有信心和能力带领我们班打个翻身仗，只要你们配合好，一定能够超过隔壁班。

刚好隔壁班的老教师从窗外经过，听到了他慷慨激昂的"煽动"。从此，老教师和这个新教师形同陌路。因为老教师比较有话语权，学校就形成一种议论，说新教师不懂得尊重老教师，不懂事，不会合作。我那位邻居非常痛苦，原来已经很瘦了，一米七几的个儿，最后剩下不到 90 斤，瘦了十几斤。校长找他谈话，他受不了，愤愤地说，能教就教，不能教，我走人！还好，校长很明智，待他冷静下来，耐心开导，才了解到事情的原委。

不要小看那么几句貌似微不足道的话，它有时候会给新教师造成大麻烦的。我经常以邻居这位新教师为例，提醒新教师开口说话，应审慎一些。也经常鼓励老教师要爱护和帮助新教师，像对待弟弟妹妹一样对待他们，所以，湖里实验小学的教师关系非常和谐，这成为被其他学校羡慕的一个亮点。

我相信，好的学校管理对新教师的影响是深远的，在我看来，所谓好的管理，无非是回到人本身，在尊重每个新教师的前提下，于有益新教师成长的细节处下大功夫。

二〇一一年

这一年，我对"特殊教师"有新的理解："特殊教师"的形成，有其自身的特殊因素，也有"特殊环境"的因素。作为校长，应时常警惕自己：不要人为地去制造那种"特殊环境"。

这一年，我重新审视教育中的爱：我们有多少教育行为，是假借爱的名义在伤害学生。作为教育者，我们应时常问问自己：你爱学生吗，你真的会爱学生吗？

退乎以礼，进乎以理

二〇一一年八月，区教育局局长打电话告知我，新学年，要给湖里实验小学增加十几位教师，以新入职教师为主，还有几位是校际之间调动的。局长特别强调，将会调给学校一位"特殊教师"，希望我们不要拒绝；还说，湖里实验小学应该为兄弟学校分担一些管理上的压力。我听出了局长的弦外之音：这位"特殊教师"会给学校管理带来麻烦。

我有些担心，到底这位"特殊教师"有多特殊？我必须提前弄清楚。在同一个区，要想了解一个人并不难，我很快就得到了这位"特殊教师"的基本信息：一位男教师，姓赖，喜欢阅读，知识面很广，曾经担任过一所学校的中层领导，后来因为自身原因被辞退，慢慢就变得疲沓、懒散……

从这些信息分析，我猜测他可能是自以为怀才不遇，产生积怨，久而成"疾"。我想，这次工作调动，也许是一次"变轨"的良机。

我不能操之过急。我相信以自己的魅力，应该可以打动他，引导他回归正轨。

我和赖老师的单独接触，并不是在办公室，而是在学校乒乓球馆。我喜欢打乒乓球，下午放学后经常到球馆去。开学第二天，赖老师就揣着球拍来找我，想和我切磋球技。他那一把球拍，胶皮已经龟裂，完全没有弹性，一看就知道已经好几年没用过了。我明白他的用心。估计，他也已从侧面了解过我，希望通过乒乓球拉近和我的心理距离。

通过轻松愉快的文体活动，增进人际关系，是我所习惯的。赖老师的想法与我不谋而合。

赖老师的球技和我差距不小，但我还是把他当成球友，经常约他打球。他的球技逐渐恢复并有明显进步（后来，湖里实验小学教师乒乓球队还获得系统赛团体第一名，他是队员之一）。慢慢地，我和他的话题也多了，从乒乓球到阅读，从教育教学到家庭生活。

开学第三周，我去听他的随堂课，想从课堂教学方面给他提供一些帮助，以此逐步树立起他的自信心。出乎意料的是，他的课上得真不错，思路清晰、严谨，板书漂亮，口头表达能力强。从常态课的角度评价，可以称得上好课。因此，我给予很高的评价。他很吃惊的样子，好像小朋友被老师表扬一样激动。

每学期，学校都会举办一次优质课展示活动，中年级数学备课组推荐他上台展示。他不负众望，课上得不错。可以说，自赖老师调入湖里实验小学以来，一直表现不错，完全不像传说中那样不堪。

我甚至觉得，赖老师完全有成为名师的潜质，于是特意聘请数学特级教师戴署光担任他的指导老师。那段时间，戴老师非常用心，倾囊相授，赖老师也非常努力。一有机会，他们就一起解读教材，备课上课，交流心得。

赖老师慢慢找回了自信，找回了曾经优秀的感觉。对于学校安排的工作从不推诿，都能承担，他不仅教两个班的数学课，还担任班主任，工作量比年轻人都大。

一个学期过去了，期末考试后，年段长气呼呼地找到我，反映赖老师的问题：他任教的那两个班级数学成绩很差——年级倒数一、二名，而且和其他班级的差距不小，拖了全年级数学的后腿。

我很是吃惊，怎么会这样呢？据年段长介绍，赖老师刚刚调动过来时很努力，不过，没多长时间就变得散漫，做事拖拉；每周一次的早上轮值经常要迟到一会儿；平时上班也总是踩着点进入学校，偶尔还有迟到的现象；最要紧的是，在导优辅差方面做得很不够，早读没抓好，课后辅导不到位，导致优秀生少，差生面比较大，教学质量连新教师都比不上……

说实话，开学初那段时间，我对赖老师很关注，觉得他表现不错之后，也就慢慢放松了。不过，他的教学成绩还是出乎我的意料。

到了第二学期，对他有看法的同事越来越多，主要是觉得他投入得不够。

我几次找他喝茶聊天，他很聪明，非常清楚自身的不足，也知道我找他的目的，总是我刚开个头，他就态度诚恳地承认错误，表示一定会努力改正。不过，他总是坚持不了几天，又散漫回去了。如此反反复复，让我很头疼。后来，他才透露，他儿子上一年级，从小患有多动症，上课不专心，课堂作业无法当堂完成，只好带回家里做，每天晚上拖拖拉拉要写到很晚。早上起床也比较晚，吃饭和做作业一样无法专心。正是孩子这些方方面面的问题，影响到自己的工作。他无奈地说，孩子是家庭的未来，如果自己孩子的事情没办法处理好，还算什么称职的父亲。

既然是因为孩子的拖累，才让他跟不上学校工作的快节奏，那么，是否可以从关心孩子健康的角度出发，尽量减轻他的负担呢？我通过各种社会关系给他的儿子找医生，希望孩子的行为问题能够尽快得到修正。另外，我还找了一个合适的时机，和他谈家庭教育。我告诉他，孩子的行为习惯与父母可能有很大的关系……为了孩子，做父亲的理应树立榜样。那次谈话，触及到他心灵最柔软的地方，一个大男人，在我的面前流下了泪水。

之后，他的教学成绩还是很一般，但整个人的状态发生了比较大的变化，对人、对事都显得积极主动了。

对于赖老师的表现，总体上我还是满意的。我不会简单地以一把尺子去衡量教师的工作，因为我觉得，教育的成效是后置的，今天他的教学成绩不理想，并不代表学生将来的发展前景就不好，在教育方面，我们很难用今日的成绩去推断人的未来发展。很多时候，学校管理者都习惯于以学生的考试分数去评价教师的教育教学水平，这种以偏概全的方式，只会不断地在意念中制造"特殊教师"，也会把一些教师发展为"特殊教师"。

孔子曰："人之过也，各于其党。""特殊教师"每个学校都有，也各有各的成因。在管理上，应该有不同的应对策略。

那一年，与赖老师一起调入学校的还有一位姓涂的女教师，也比较特殊，40来岁，有一定的心理问题，曾经看过心理医生，吃过药。她自己知道，她的家人也知道，但是学校不知道，就安排她担任一个班的班主任。她很乐意，做得非常认真。

但是一件比较棘手的事情很快就发生了。

一天下午，来了十几位气势汹汹的家长，把我的办公室挤得水泄不通。看架势是来找茬的，我赶紧到隔壁房间拿来了一些椅子，请家长们坐下来慢慢谈。他们还没坐稳，就七嘴八舌地指责学校和教师。由于场面太乱，我很难从他们的言语中捕捉到有用的信息，就请他们派一个代表说清楚事情的来龙去脉。

很显然，这些家长是有备而来的，其中一位从包包里拿出了一张字条递给我，我迅速看了一遍，只见上面罗列了这位女教师的十条"罪状"：担任班主任，不愿跟家长正面沟通，几乎所有事情都在QQ上留言了事，家长给她打电话，却经常被训斥；学科作业量特别大，只注重分数，不尊重学生，教育方式简单、粗暴；偏爱某些班干部，不公平……

家长们此行的目的很明显：要求学校给他们的孩子换班主任。

担任了十几年的校长，应对家长来访，特别是家长群访，我还是有一定经验的。我请副校长接待他们，陪他们在校长室里喝茶；然后把副校长室作为临时接待室，与家长们逐个单独沟通，这样既方便家长反映情况，也有利于我各个击破，做好家长的思想工作。那天下午，整整三个小时，我和家长们一一沟通。时间虽长，但效果很好。

别看家长那么多，其实，他们当中绝大多数是被个别家长动员过来的，为的就是壮大声势。他们对教师没有那么大的不满，对学校更没有那么多的意见。对于这样的家长，只要跟他们摆事实讲道理，一般他们都能理解甚至谅解学校和教师可能存在的不足。

通过交流，我让家长明白三方面的信息：短期内换班主任是不现实的；换教师不见得就有利于孩子成长；希望给这位教师一个月的调整期，若确实不能改变，学校坚决按照家长们的要求来做。

只是，改变教师，和改变家长，完全不一样。

我请来了涂老师，心平气和地向她了解班级情况。涂老师很实在，有一说一，毫不掩饰。我从中找到了一些问题的症结所在：她原来工作过的学校，"家校配合"有名无实，教师对家长指手画脚的多，平等交流的少。她说，没想到湖里实验小学家校互动这么深入，并表示自己一时间难以适应，甚至讨厌太过"热情"的家长。我想，这有她性格方面的原因。她很内向，不善与人沟通，更不喜欢和人交往；也有工作环境的原因，教师的接触面很窄，每天就是从家里到学校，从学校回家里，生活圈子太单一。二者加在一起，导致她变得越来越封闭，性情也日益孤僻。

随着交谈的深入，我发现，涂老师患有一定的交往障碍症。她过度敏感，缺乏安全感。她原来工作的学校关系比较复杂，自己总是担心"站错队"，常常为此纠结，甚至失眠。

了解了症状之后，我尝试着循序渐进地去打开她的心结。首先，我反复强调，校长始终站在她这一边，"我们是自己人，没有什么界限，可以敞开心扉，什么话都可以讲，不必有什么防备"；其次，我提醒学校行政人员要特别"关爱"她，一旦遇到她比较激动的事，必须让她先把情绪完全宣泄出来，等她冷静后，再去慢慢处理问题，一定不要当场跟她"对抗"，否则她的情绪容易升级，一旦升级，只会带来消极的后果；最后，也是最关键的，我很诚恳地教给她一些解决问题的具体方法和方式，比如，应该怎么去跟家长沟通，还给她出点子，让她先开一个家长委员会，把家长委员会里的核心成员召集在一起，听听他们的意见和建议，慢慢找到一个良性的沟通渠道。

她按我教的方法去做，召集班级家委开会，效果很好，消除了她原来觉得家长一进来就胡搅蛮缠的戒备心理。此后，她逐步改变了做法，家长也慢慢地接受了她。一个学期之后，再也没家长来"告状"了。

涂老师原来极端不自信，这件事之后，慢慢地有了一些自信。我还有意找了很多机会，让她上台去介绍教育教学上的一些经验，不在乎她讲得如何，关键是让她有一种被重视的感觉。

第一个学期结束之后，学校在食堂搞了一个小聚会，从来不喝酒的她主动过来给我敬酒，她说："校长，我真的太喜欢我们湖里实验小学了，没想到，老师跟老师之间的关系这么融洽，领导跟老师的关系也这么好！"

"特殊教师"的形成，有其自身的特殊因素，也有"特殊环境"的因素。我担任校长期间，经常告诫自己，不要人为地去制造那种"特殊环境"。

重新审视教育中的爱

湖里实验小学每周教师例会，都会安排优秀教师上台做经验介绍。这些经验大多来自一线教师的教育教学实践，比较接地气，很受教师的喜爱。正因此，一些好的教育理念和方法，一经介绍，都能够很快地在全校传播。

不过，也有例外。陈怀琳老师出色的教育教学经验，就没有哪个教师能够真正借鉴得来，更别提传播了。

陈怀琳是高年级数学教师。她很严谨，不善言辞，也不幽默，学生却很喜欢上她的课。再差的班级让她教，一学年之后，教学质量肯定变成全区最好。二〇〇九年学校创办以来，她连续任教两个毕业班的数学，那两个班级的毕业考试数学成绩在全区都名列前茅。有人问她是怎么做到的，她总会笑笑，腼腆地说："我没什么好方法，只是偶然的收获！"数学教研组为了推广她的经验，经常组织教师去听随堂课。让人想不到的是，她的课堂也没有什么特别之处，更没有什么绝招。如果一定要找出与众不同之处，应该是在朴实和扎实方面做得好而已。

在我反复动员下，她在教师会上做了经验介绍。

她介绍说，自己瞎编了一套鼓励学生积极学习的"土办法"。每次任教新班级，就和学生商量设立数学科目的奖励活动。那是一种类似于体育彩票的抽奖活动，抽奖的凭证是表扬卡，表扬内容也是和学生提前商量好的：比如早到校、完成作业、专注上课、发言积极、问题意识……谁被表扬，陈老师就在小卡片上填写那位同学的名字，然后投进一个罐子里。表扬一次，投放一张。

　　不管是学优生，还是学困生，都会有受表扬的机会。除了一些普适性（适合全班）的表扬内容外，还有一些针对性（适合个别同学）的表扬，一切都事先与学生商量好，包括多长时间抽奖一次。

　　抽奖是一个概率问题，毕业班的学生学过，所以他们都明白，自己在罐子里的表扬卡多，中奖的概率就大，表扬卡少，中奖的概率就小。当然，运气也很重要，只要自己在罐子里有一张表扬卡，也就有中奖的希望。从活动一开始，全班同学都非常期盼抽奖时刻的到来，在学习上也都表现得更加主动、更加积极，因为只有这样，他们才能获得更多的表扬卡。

　　奖品分为一、二、三等奖，不同等级对应不同奖品。陈老师很懂孩子的心理，每次开奖前都会跟学生商量购买什么奖品，遵从学生的心愿。为了买到学生喜爱的奖品，她经常要花上半天时间去寻找。购买奖品的费用都是陈老师自己掏腰包。

　　陈老师介绍经验之后，她的"土办法"很快地在学校传播开来。我也充满了期待，希望在不久的将来，湖里实验小学能够多出现几位"陈怀琳"，那样，学校的教育教学质量将会一骑绝尘。

然而，事与愿违，一段时间过后，她的"土办法"几乎销声匿迹了。我很诧异，问过几位教师，他们告诉我，陈老师的"土办法"并没有那样神奇，至少在他们的班级不好用，学生参与的积极性不高，作用不大，而且又要花很多的精力去推动，还不如"自己"的方法简单实用。

"适合的，才是最好的！"教育真的很奇妙，有的教师声嘶力竭，学生并不买账；有的教师轻声细语，学生却很敬重。我很纳闷，难道陈怀琳老师的"土方法"真的不行？到底问题出在哪里呢？

一天，我接到一位家长的电话，向我"投诉"体罚学生的四年级体育教师。上体育课时，教师发现三位同学忘记穿运动鞋，惩罚他们赤脚沿操场跑五圈，跑完后，学生的脚都起泡流血了。我觉得体育教师的做法过分了，便去找她了解情况，没想到她反而觉得惩罚轻了，她说："只让学生跑五圈，不多，目的是让他们记住体育课要穿运动鞋，不穿鞋很危险。"我们都知道，学生平时从不赤脚走路，脚底皮肤特别细嫩，容易受伤，由于这位体育教师没有从学生的体质角度去思考问题，又采用简单粗暴的惩罚方式，结果惹来家长"投诉"的麻烦。我批评了几句，她觉得很委屈。因为她认为自己的出发点是爱学生，为学生好，学生也只是受了一点皮外伤，家长完全没有必要如此小题大做。

"没有爱就没有教育"，体育教师体罚学生缘于爱，陈怀琳老师成功的教育应该也缘于爱。同样是爱，两者的教育结果为什么会出现这么大的差异？

我曾经看过一篇报道，记者对 100 名教师进行问卷调查，问：你们爱学生吗？97% 的教师给予肯定的回答。记者又对 100 名学生进行调查，问：你们觉得教师爱学生吗？只有 4% 的学生给予肯定的回答。反差为什么也如此之大？

　　我又一次回到陈怀琳老师的教育方法上，试图从中寻找答案。毫无疑问，陈老师爱学生，如果说她的爱有何与众不同，细细咀嚼她的教育过程后，一个观点在我心里渐渐清晰——尊重学生才是爱的基石。尊重学生的尊严，不当众批评；尊重学生的观点，班级的各项活动和学生商量；尊重学生的年龄特征，采用学生喜爱的教育方式。当然，更重要的是陈老师爱学生，不带一丝一毫个人功利色彩。她经常利用放学时间辅导个别后进生；辅导学生时，只是针对学生的知识缺漏，从不责怪学生笨、不认真听；如果辅导的时间长一些，她一定会事先和家长通电话，还会给学生精心准备一份小点心……这样的个别辅导，让后进生觉得很温暖，觉得自己如果不认真，就对不起教师的真心。

　　从陈怀琳老师身上，我悟出了一个道理，"有了爱，不一定就有教育"。关键要看教师爱的目的、爱的能力和爱的方法是否正确。

　　爱的目的偏离学生，教育也会跟着偏离正道。以爱学生的名义，行非教育之举，在学校里屡见不鲜。四年级的体育教师体罚学生赤脚跑步，就是其中的一例。让人感到担忧的是，自始至终，这位教师不知道自己错在哪里，不知道自己的教育方法需要改变。因为假借爱的名义行非教育之举多了，不知不觉中教育体罚就习惯成自然了。

在这种类型的教育行为中，最让我揪心，也最让我最警惕的是，教育过程中的"株连"制。

所谓"株连"，就是祸及他人。有些教师的做法是，一个学生犯错误了，不仅惩罚这个学生，连同小组、全班一起罚。这种"株连"的结果，会让全组、全班记恨犯错的同学，或者团结起来攻击犯错的同学。这样，经常犯错的同学跟班集体不仅会渐渐疏离，而且会产生一种对立、仇视的情绪。学生的这种情绪日积月累，久而久之就会用仇视的眼光来看这个世界，长大了，就仇视周围的人，仇视社会。可以说这种非教育行为，已经在学生的成长中埋下深远的隐患。今天，社会上有那么多人为了发泄情绪，动不动去迁怒甚至伤害社会上无辜的他人，这很大程度上跟他们被孤立、被漠视、被伤害的经历有关。尽管造成他们这种反社会行为的原因比较复杂，但教育者也应该从自身出发做深刻的反思：我们的教育行为究竟在学生心中播撒的是善的种子，还是恶的种子？

在中国，一方面，"爱"学生的目的与教育目的高度一致。我国把"坚持教育为社会主义现代化建设服务、为人民服务，把立德树人作为教育的根本任务，全面实施素质教育，办人民满意的教育"作为教育方针。这是教育的风向标，决定了爱的方向——把孩子培养成服务国家、社会的人才。另一方面，家长们也需要反思对孩子的"爱"，他们口口声声说，为孩子好，为孩子的未来着想，却几乎不约而同把教育目标锁定在培育"出人头地，光宗耀祖"的"人精"上，即家族、社会的精英分子。其目的和落脚点都不在"人"（学生本人）身上，而都在无尽的功利上。

最后，回到要"办好人民满意的教育"的学校，同时要满足国家、社会和家长的目的，学校的教育该怎么办呢？这就是学校和教师的现实处境。这就回到了教育的原点：教育要为每个学生负责，要把每个学生自身的成长作为起点。但我们今天的教育远离了这个原点，学生不是被爱的对象，即不是目的，而是实现他者目的的手段，于是学生成为工具，体制的工具、考试的工具。谁会去尊重工具的感受呢？只有从这样的大背景下来审视教育中的爱，我们才能找到问题的根源。

教育目的迷失，致使爱的方向迷失。我们嘴巴上说爱学生，实际上仅仅把学生当作工具。如果不及时矫正，后果不堪设想，因为教育出了大问题，教育出来的人怎么可能成为国家未来的"人才"？至于成为他自己，让他的人生幸福美满，只能是镜中花、水中月了！

虽然找到了教育目的的这个根源，但作为校长，不可能从源头上改变什么，怎么办？

教育本质上是一门关于师生关系的学问，应把人的健康发展放在第一位，但是现在科技主义、功利主义盛行，学校的牵绊太多。当了近二十年的校长，我的体会是，完全特立独行是不可能的，但完全奉行"听话"哲学，也是行不通的。我的做法是，先反思，后矫正，能做多少，就做多少。当我们审视了教育目的后，就必须进一步反思，在这个大背景下，今天，我们怎么爱学生？

回答这个问题前，还是先要在教师的心中"矫正"学校的教育目的：为了每一个孩子，为他们幸福的人生提供必需的装备，即人们常说的，为幸福奠基。当教师明确了为学生的人生幸福负责的教育目的后，就可以和他们一起来审视：我们有多少教育行为，是假借爱的名义在伤害学生。

二 〇 一 二 年

这一年，我尤其强烈地感受到，引领家长走上比较专业的家教之路，教育者责无旁贷。

家长成长也是一门课程

一位出家的学生给我寄来一本书，是记录高僧讲法的。好奇心驱使我去翻阅，意想不到的是，作为教师，我被里面的一些话打动了，比如，这一段话——

特别要注意的是，不要把成人的信仰和思想强加到孩子身上，任何一种理论的灌输对孩子都不公平，因为要考虑人心灵成长的自然过程……必须要让他们长大成人以后，像选择饮食、书籍那样，自由地选择自己的信仰，这才是聪明的方式。

作者妙华法师出家前也是教师，他的话不仅具有僧人的慈悲，还具有师者的情怀。他的观点让我又佩服又感慨。如果当下的学生家长，在对待孩子的学业上，能够遵循人心灵成长的规律，多一点理性，少一些任性，亲子关系就会减少很多不必要的矛盾和对立。

五月的一天，一位四年级学生的母亲找我商量，要给他的孩子办理休学手续，因为她觉得体制内的教育不好，与她的教育理念相差太多。她希望孩子保留湖里实验小学的学籍，人到"教会学校"去上学。据她介绍，这所"教会学校"未经政府批办，在那里上学无法入学籍，现有十来名学生，学籍都挂在其他学校。

我曾经参观过两所与教会相关的学校，一所是台湾中台禅寺办的九年一贯制学校，一所是美国加州的教会小学。除此之外，我不知道在厦门也有教会学校。在我的认知当中，厦门公办学校的办学质量要比私立学校好很多，而未批办的学校肯定不好。为了争取让孩子进入公办学校学习，家长想尽了一切办法，这位母亲怎么会放弃公办学校，选择让孩子转学到未批办的"教会学校"呢？在我记忆里，这个孩子表现一直都很好，是学校的小主持人，经常主持升旗仪式和一些活动，我还曾经给他写过两次表扬卡，是一位全面发展的好学生。

虽然有很多家长对当今公办小学的教育理念、教学方法颇有微词，但最多也只是到学校找教师、校长理论一番，或者投诉到教育局、诉诸报端，很少遇到如此偏执的家长。对于这样的家长，我一贯非常谨慎，除了给她说明孩子不符合"休学"要求外，还和她交流了一些教育上的话题，想打消她让孩子去"教会学校"读书的念头。

事情没有办成，她带着失望离开学校。

作为一位校长，我自知无力改变这位母亲的教育理念，但又不能无动于衷，任由事情发展，我觉得应该为孩子的将来再做点努力。这件事情整整折磨了我一周，最后决定给她写一封信，用

QQ 发她：

×× 女士：

　　您好！自从那天您和我交流关于孩子去"教会学校"就学之事，我就一直在思考关于孩子该接受什么教育的问题。现在我有个比较明确的想法，想和您交流：您对孩子教育的思考和实践是一件很好的事，但孩子不是我们的私有财产，他们属于自己，也属于社会，他们的未来充满了各种希望，更充满无限的可能性。也就是说，他们走什么路，未来成为什么样的人，有很多的不确定性。我觉得这样的人生才更有挑战性，更有魅力。作为家长，我们无权在他们很小的时候就给他们划定人生的轨迹，无权为他们确定什么信仰，也无权根据我们自己的体验强加给他们"什么是幸福"，因为幸福是个人内心独特的感受。希望您不要拿孩子当成自己教育执念的试验品，毕竟童年不可重来，每个人的人生只能经历一次；况且体制内的学校集中了最好的教育资源，最好的教育者。这是我的一些见解，不当之处请多谅解。

　　顺祝安康！

　　　　　　　　　　　　　　　　　　　　　愚：陈荣艺

　　　　　　　　　　　　　　　　　　二〇一二年五月十二日

　　信发出去之后，一直没有收到回复。

　　我再一次见到这位母亲时，已是学期末。她这次来找我，不再要求给孩子办理休学，而是直接给孩子办理转学手续。她很骄傲地对我说，她已经找到了让孩子去"教会学校"读书的变通办法——将孩子的学籍挂在民办学校，而人到教会学校去上学。

国庆过后，我突然收到她的短信，她很自豪地告诉我，与在公办校相比，她儿子进步很大。每天都过得很愉快、很充实，除了轻松学习之外，其他时间都在为教会里的孤寡老人扫地端水献爱心，这可是孩子在公办校所得不到的教育。她表示，这种教育会使自己的孩子成为一名有爱心、有贵族气质的人。

给我发信息，只不过是为了证明她给孩子选择道路的"正确"性。

其实，这条信息暴露了这位母亲的"我执"，这是一种典型的"身份迷失"。我很清楚，离开了主流社会，离开了常态的学校生活，孩子未来会成为什么样的人。三千年前，孟母就意识到，环境具有教育人、造就人的功能，才有今日"孟母三迁"的佳话流传。

这位母亲的做法有很突出的时代特征：第一代独生子女已成为学生家长。因为独生，几代人的爱集中于家庭（家族）中的唯一血脉，他们过着衣来伸手、饭来张口的生活。"只要他们想要的，就是天上的月亮，家长也会想尽一切办法摘下来给他们"，这句流行语形象地概括了这代人所受的溺爱程度。溺爱导致这代人的坏脾气、坏习惯，最突出的就是"身份迷失"——从小没有厘清个体与个体、个体与群体之间的关系；没有厘清"你、我、他""你的、我的、她的""我们的、你们的、他们的"等各种身份关系，从而混淆了身份之间的界限。随着年龄、见识、经历的增长，有些人慢慢地把"我"从他人、群体的身份关系中独立出来；有些人却始终糊里糊涂地任由"我"迷失：对上"啃老"、对人"索取"、对下"占有"。在他们的心里，孩子是我生的，就应该完全从属于我。我不仅可以主宰孩子的兴趣、爱好，还可以主宰孩子的信仰以及未来的人生道路，他们很少考虑到孩子享有独立的人格，也很少顾及孩子的社会属性，一切行动都得顺我心、由我心。

"迷失身份"的另外一种特征是难以接受身份的改变。几乎所有的家长都希望自己的孩子在学校能够像在家里一样，成为校长和教师的唯一。他们很难接受孩子是学校、班级中的一员，想方设法要改变属于集体一员的身份。这显然是不可能的。于是，家校的分歧和矛盾就出现了。

"身份迷失"还会导致时空错位，分不清身处何时何地。这部分家长一般学历比较高，他们经常把学历和教育素养等同起来，认为有知识就是懂教育。他们积极参与学校的各种活动，就是为了改变教育现状，让学校按他们的教育理念去办学。他们要么把中国教育贬得一文不值，眼里尽是西方的那一套；要么把所谓的国学捧上天，一切都是"旧"的好，好像只要复古，一切教育问题、社会问题就能迎刃而解。

邓小平同志提出"教育要面向现代化，面向世界，面向未来"，在他们的心里似乎没有留下什么痕迹。而他们的热心与热情，已经干扰到教师正常的教育教学工作，甚至影响到学校的正常办学。

今天，家长对于教育的不满，除了教育本身的问题之外，与家长自身没有成长也有着脱不开的关系，特别是家长的"身份迷失"让家校关系更趋紧张。不过，在家校合作中，学校、教师占据主动地位，所以，对孩子的教育，尽管家长不遂心、不满意，但真要和教师撕破脸的并不多，更多的还是选择找校长投诉。此时，校长在家校合作方面的角色定位就显得尤为重要。这就要求校长要有专业高度，通过引导家长厘清"身份关系"，纠正家长由于"身份迷失"而引起的各种错位，站在专业的角度帮家长分析情况，解决问题。如果是教师或学校的错误，校长要敢于担当；如果是家长或者孩子的问题，就要指导家长提升认识，提高教育能力，以减少家校纠纷或冲突。

从那年八月份起，学校的行政特别是教导处就几乎没有"享受暑假待遇"。八月中旬，就提前对一年级新生进行编班，安排好班主任和配班教师；八月二十日后，一年级的教师就开始家访。他们两个人一组，根据新生的地址，一个小区接着一个小区进行家访，足足一个星期才能完成。家访的主要任务是：（1）发放学校入学通知书和入学指导；（2）向家长介绍学校办学的基本情况；（3）沟通家校配合的一些具体做法和注意事项；（4）介绍学校传统的"书香""习惯"两大主题活动；（5）介绍家庭教育的一些重要理念和做法……

孩子还没入学，学校就已经上门家访了，这是学校的诚意，也是给家长提供接触小学教育的机会，提前给家长上一次家校配合、家庭教育的课，引领家长走一条比较专业的家教之路。这样，家长的教育变得有方向、有方法，身份的定位才不至于出现较大的错位，才能在家校合作中，实现教师、学生、家长的共同成长。

二〇一三年

这一年，我的神经被两声"混球"刺痛，开始反思道德教育应扎根何处的问题。作为基础教育工作者，对学生进行道德教育是我的职责，我尝试走出一条比较符合小学生身心特点的道德教育之路。

道德教育应扎根于何处

"混球"一词，除了在电影上听过，在生活中，我还从没听过。那天，我却在课堂上真真切切听到了两声，那愤怒的"混球"声一下子把我的神经刺痛了。

二〇一三年十一月的一天上午，四年级三班的语文课，洪少武老师上《长城》一课，全校没上课的语文教师和大多数行政人员都参加听课。洪老师课前做了充分准备，课上得很投入、很精彩。为了让学生领会过渡句"站在长城上，踏着脚下的方砖，扶着墙上的石条，很自然地想起古代修筑长城的劳动人民来"，他在引导学生层层深入、反复体会过渡句的作用和用法之后，布置了一道让学生仿写过渡句的填空题。教师安排的仿写内容是"圆明园"，前半部分写今天圆明园残破不堪的状况，后半部分写英法联军对圆明园所实施的残暴行径，要求学生在这两部分之间填写"由眼前见到的事物而引起联想的过渡句"。正当洪老师入境入情地朗读英法联军如何破坏圆明园时，一个声音闯进了我的耳朵——混球！我不知道洪老师听到与否，他继续着他的朗读。我四处寻找"混球"的位置。洪老师煽情的朗读进入尾声时，"混球！"——骂声又一次响起，教室顿时静寂，师生个个伸长脖子，循声望去，只见第一小组第二张桌子靠墙壁的那位小同学举起了紧握拳头的小手，激愤地舞动着，似乎在宣示着对英法联军深恶痛绝的情绪。

课堂足足尴尬了半分钟，这个情境洪老师应该看到了，但他选择了听而不闻、视而不见。或许他一时间想不出更好的应对策略。教室后面的听课教师应该也听到了，当然，他们都和我一样，此刻也不好有什么表示。但我不知道他们是否像我一样，内心掀起波澜，无法继续听课。

"混球"一词属北方方言，绝大部分厦门人约略知道它是骂人的脏话，却难得用之闻之。没想到，这一脏话竟然出现在学校公开课上，竟从一位不到十岁的孩子的口中骂出，且骂得那么自然，那么"恰到好处"，着实让我吃惊、惭愧。

伴随着惭愧而来的是我内心深深的不安和忧虑。尤其是孩子说脏话时那种咬牙切齿的语气，那种快意恩仇的宣泄劲儿。我更不安的是，除了骂出声的那个孩子有着如此的仇恨情绪外，在场还有多少孩子与他一样，心里埋藏着这种仇恨情绪呢？这种仇恨情绪到底是孩子独有的，还是社会共有的呢？

为了弄清问题的根源，我翻阅了小学阶段所有的道德与法治、语文课本，结果没有找到答案，这两个学科与道德教育最为密切，但这两个学科的内容几乎都围绕着真善美来编写的，与仇恨无关。后来我把目光转向社会，最后发现，社会的仇恨情绪似乎更为突出。

记得二〇一二年九月，中日钓鱼岛之争愈演愈烈，我国180多个城市发生抗议日本购岛的爱国示威游行活动，却也发生了无数砸车、砸店、打人等暴力事件。遭殃的车是中国人的车，被砸的店是中国人开的店，受伤的人也是中国人。中国人和中国人竟有这么刻骨的深仇大恨？

毫无疑问，某些新闻媒体引导着社会舆论，在这件事上起到了推波助澜的作用。特别是自媒体发达的今天，什么人都可以在网络上发表自己的见解，表达自己的不满，甚至是仇恨的情绪。这些极端情绪在网络上像滚雪球一样不断被扩大化，最终撞破屏幕冲击社会，甚至导致恶性事件的发生。另外，一些新闻媒体、影视作品，为了吸引眼球，不断地推出一些"神剧"，塑造一些"神人"，编写一些以恶除恶的故事，不知不觉地在社会中种下了"仇恨的种子"。当时机成熟时，这些种子就生根发芽，酿成惨剧。

二〇一三年六月某日，厦门的一辆公交车在途经金山站往南500米处起火，造成47人死亡、34人受伤。这起事故被认定为刑事案件，案件嫌疑人陈水总就是通过纵火来发泄自己满腔的仇恨。

如果这种仇恨的情绪弥漫于我们生活的每个角落，不知何时，不知何地，不知以什么样的方式爆发，必然会严重影响到每个人的生命安全。

后来，洪少武老师告诉我，他找到那位扰乱课堂秩序的孩子，并与他聊了聊。那个孩子认为骂英法联军是爱国行为，爱国没有错，与爱国相比，自己扰乱课堂是一件多么小的事情。孩子的思维多简单，有时候一些成人的思维一样简单，认为抗议日本购岛游行示威也是一种爱国行为，爱国是大德，打砸抢等行为是小事……原来，他们知道违规、违法是错误的，只是自恃站在了"爱国"这一大德的制高点上，违规、违法就变成了"高尚"的行为了。其实，这样的思维方式是非常可怕的。

作为基础教育工作者，对学生进行道德教育是我的职责，但今日之道德教育显然出现了问题，需要尝试走出一条比较符合小学生特点的路。从传统去寻找出路，回归到中华民族思想的根源儒学，就能给我们提供依据："修身、齐家、治国、平天下。"以此为教育的顺序，修身是核心、是基础，然后才能从小到大、从近到远、从内到外，逐步建立起全面而完整的人格。道德教育的核心同样在于个体生命的完善，从"善小处"着眼，培养学生"讲理性、守秩序、遵法律、护公物、明权界、别私公、修身心"，让学生从小建立以现代生活为基础的，体现现代法制和现代社会性道德的行为规范，这样才能担负起民族复兴的大任。在实施道德教育的过程中，还需注意教育的顺序，应当变"知情意行"为"行意情知"，从身边的小事做起，少讲大道理，如此养成习惯之后，再慢慢去明理。比如，我们学校无论是参加电视台的节目录制，还是参加其他大型的社会活动，都一律要求，活动结束后所有学生必须把身边的垃圾全部清理干净，才可以有序离开。

当然，也寄希望于全社会能够重视小学生的品德教育，特别是新闻媒体、自媒体、影视作品能够弘扬优良的中国传统文化，弘扬真善美。

二〇一四年

这一年，人工智能教育冲击学校教育的消息，让我在反思中坚定这样的信念：讨论传统学校会不会被取代，没多少实际的价值，倒是守住学校的尊严才是关键。在我看来，"学习文化"是守住学校尊严的天然保护膜。

让学习文化守住学校的尊严

曾经在网络上见过一条广告:"传统教育机构惊慌了,未来已来,人工智能教育才是新出路。"

随着科技的进步,人工智能越来越强大,不仅在知识储存容量上超越人脑,在学习能力上也超越了人脑,同时,为人类学习提供了海量的资源和查找、交流的便利。

有人猜测,"未来,传统意义上的学校将被人工智能学校所取代"。

传统教育机构有没有惊慌,传统学校会不会被取代,我不敢断言。我只感受到在人工智能的冲击下,学校尊严越来越低,教师的教育权威也越来越受到挑战。

一天,分管教学的副校长告诉我,我们学校有几个新教师在做"微商"。听到这个消息,我非常吃惊,虽然我不清楚"微商"是怎么做的,我却非常清楚教师不允许从事第二职业,就连工作之余的有偿补课都不行。如果教师在教书育人的同时,还兼做"微商",那么,他的"师者"尊严将随商品的成功交易而不断失去。还好，这些年轻教师对"微商"只是一时新奇，并没有将学生家长当成顾客，更没有投入精力去培育顾客群，加上学校的善意提醒，"教师微商"很快在湖里实验小学销声匿迹了。

"教师微商"事件过去了，我的思考却没有过去。面对人工智能打破传统学校的现实，考虑拒绝还是悦纳毫无意义。我们应该考虑的是，在这种背景下，如何守住学校的尊严。

学校是学习的地方，而人工智能的学习能力毫不逊色于人脑，只有人文领域的文化，这种饱含群体情感的精神产品，才是人工智能永远无法逾越、无法替代的。因此，也只有这种"学习文化"才能成为学校尊严的保护膜。

如何营造学校的学习文化呢？在我陷于求索无门时，朋友向我介绍了他一次难忘的经历：

那年，他到江苏溧阳实验小学讲学。没想到，接他的司机居然是位"读书人"，从机场到学校两个多小时的行程，竟然能够一边开车一边和我朋友聊文学、哲学；更让朋友吃惊的是，那位司机也是李泽厚的忠实粉丝，对李泽厚的哲学思想如数家珍。朋友非常感慨地说，这次短短的行程，透过司机，他见到了一所心目中的好学校，感受到这所学校的学习文化。

我不知道朋友和我聊读书是有意还是无意，之后，他不断地给我推荐李泽厚、钱穆等名家的作品。从此，我也迷上了阅读。再后来，我发现自己好像也变成了"读书人"，偶然回首，突然发现当了十几年的校长，自己竟然不是读书人！那种羞愧真的无法用文字来形容。

从那之后，我就把创建具有浓厚阅读氛围的学校作为奋斗目标，努力引领教师、学生、家长共同阅读。

由于教师不阅读已成为习惯，从小如此，所以，在推动教师阅读时，我和他们斗智斗勇，玩着猫捉老鼠的游戏。

刚开始，鼓励教师在家阅读，但收效甚微，平时没有阅读习惯的教师依然不阅读。怎么办呢？我想到了通过读书交流来促进教师阅读。每周一开教师会时，请两位教师上台去给全校教师分享自己的读书心得，校长带头先讲，然后是年轻教师。为了给教师树立榜样，我选择讲《童年的秘密》，因为已读完两遍，又做了认真准备，所以自我感觉讲得不错，获得了教师的热烈掌声。接下来的几周，读书心得的交流似乎进展得很顺利，听得出来，上台的教师对阅读的作品分析得入情入理，感人至深。正当我得意时，一位喜欢阅读的教师给我泼了盆冷水，她告诉我，教师上台分享的观点都是网上下载的，很多人一字不漏地照抄。

原来如此，难怪教师上台交流时，都拿着讲稿照本宣科。这就是所谓的上有政策，下有对策啊！

如何通过优化读书心得交流的方式，达到真实推动教师阅读的目的呢？为此，学校召开行政专题会，想办法，找对策。接下来，学校规定，教师上台交流不能看稿，但可以做一些简单的幻灯片。这样要求之后，情况稍有好转，但还是经常出现有明显网上下载的痕迹。再后来，要求教师的读书心得要结合自己的工作或生活实际写……

每周上台交流读书心得的教师只有两人，一个学期最多只能安排 30 人，一年只有三分之二的教师轮到，这样的阅读量显然很少。为了提升人均阅读量，学校每个寒暑假必组织一次全校教师共读一本书的活动，开学初用一天的时间分组交流心得。

那一年，推动教师阅读进行得艰辛而缓慢，但由于教师从小所受到的教育就是"逼迫式"的，所以"逼迫式"推动阅读成效比较明显。一位新教师跟我说，以前她二十几年所阅读的书加起来还没有现在一年的多；还有一些教师说，"逼迫式"阅读竟然能让自己喜欢上阅读，非常神奇。

采用"逼迫式"也是被逼迫出来的，并非我所倡导的。我更希望教师能够发自内心地喜欢阅读。听说有校长为了鼓励教师阅读，经常赠书给教师，这是一种非常好的方式——既可以鼓励教师阅读，又可以增进校长与教师之间的情感。

于是，我养成逛书店的习惯。

那几年，我经常外出培训，购书成为一项附加任务：每到一地，必逛书店。购书并不容易。不同教师有不同的阅读喜好，我对他们也有不同的期许，精心挑选才能找到合适赠送的书。我会在新书的扉页上给老师写寄语，表达我的期许，每条寄语都要贴近那位教师的个性特征，又要鼓励他认真学习、工作，因此，写起来费时费心。

赠书点燃了一部分教师阅读的激情，这种做法虽然劳心劳力，受众不多，但我觉得推动教师阅读是一件长期的事，坚持下去，积少成多就一定会实现梦想。

与此同时，我又尝试借优秀教师的影响力推动阅读。蔡碧蓉是湖里实验小学年轻教师的偶像，她有良好的阅读习惯，教学轻松高效，在家教方面也很有方法，我请她以自己的方式引领教师阅读。蔡老师果真不负重托，她先在低年级语文教师中成立"新父母读书会"，专门阅读优生优育的书籍。因为湖里实验小学年轻教师多，面临为人父母的身份转变，她们没有经验，急需在父母必读书方面进行"补课"。很快地，读书会把其他年级、其他学科的年轻人也吸引进来。因为"新父母读书会"少了一层行政管理的"外衣"，教师阅读是自由的、发自内心的。校园里，时不时能见到教师交流阅读心得的场景；时不时流传一些恋爱、育儿、生活的小妙招。学校传达室里的快件，每天能见到许多教师购买的书。不知不觉地，湖里实小弥漫着温馨的阅读气息，课堂也越来越有文化味。

我知道，当了父母的教师看孩子的眼光一定会变得更柔和，更温情脉脉，他们在学习成为父母的同时，习得的知识自然会"反哺"到他们的教育教学中。

利用"亲情"引导教师主动阅读是一方面；另一方面，可以从"功利"的角度来激发教师阅读。我在语文教学方面比较在行，尝试引导语文教师做"拓展性阅读"课题研究：每个教师选择教材中的一个作家，作为深入研读的对象，收集、研读他的作品，了解他的成长经历、写作背景，形成教师自己的个性解读。每次的课题活动，请一位教师当主讲，全面介绍他的研究心得，其他课题组成员可以提问，参与互动。这样，既提升了教师的专业能力，又拓展了他们的学术视野。

通过各种渠道，引导教师阅读，并由此而激发学生、家长的阅读热情；湖里实验小学连续好几年生均阅读量超过30册；学生家长成立了读书社，成员有近百人，每周组织一次活动，已成为学校的一张靓丽的名片。

通过阅读，我深刻领会到"读一本好书，就是和一位品德高尚的人谈话"的含义；通过交流，我感受到了交友和阅读同等重要，因为和博学的人交朋友，等于为自己寻找到了终身受益的学习范本。从一九九七年担任校长之后，不少教育界的良师净友引导我走上教育研究之路，并给予我人生进步很大的帮助。

通过朱永通老师为湖里实验小学牵线搭桥，我结交了不少有教育情怀、博学的朋友。在湖里实验小学的讲台上，经常可以见到于永正、贾志敏、王崧舟、窦桂梅、朱煜等名师的身影，他们或听课，或开讲座，或上示范课，或与教师面对面交流……为了让教师与名师零距离接触，参与到名师备课、上课的整个过程，特地邀请名师与学校教师同台上课，上完课之后，再请名师指导他们重新备课、上课，反复磨炼，在磨炼中学习，在磨炼中提升教育教学水平。

读书和交友是学校"学习文化"的一个重要组成部分，只要怀有向上之心，随时随地都可学习。

学校还成立"教师书法社"，十几位爱好书法的教师成为会员，每天吃过午餐，便集中在教师阅览室练习书法。每周的教师会，都安排一个环节，请书法教师苏世荣教大家写字。短短两年里，有七位教师成为福建省书法协会会员。

同时，学校尤其注重引导教师学礼仪，邀请厦门工商旅游学校的礼仪教师林育真到学校开讲座，培训教师的文明礼仪、着装、化妆等，让教师的言谈举止更有文化味。

……

让学习文化守住学校的尊严。

如果今天的教育无法改变重知识、轻智慧，重能力、轻为人的局面，就好比拿传统教育的短处与人工智能的长处竞争，最后的结果当然非常不堪。

二〇一五年

这一年，河南女教师的辞职信火遍网络，也由此引爆全国教师的辞职潮。凭什么留住教师，尤其是被戏称为"夹心饼干"的中层干部？这是一大难题，庆幸的是，我用笨办法"移植"以往的经验，居然奏效了。

凭什么留住你

"世界那么大，我想去看看"。某教师一封仅有十个字的辞职信，入选二〇一五年度十大网络用语，也被网友称为"史上最具情怀的辞职信，没有之一"。

同年，湖里实验小学也有两位女教师辞职，理由是"先生要留学，我想去陪读"和"宝宝快出生，我要照顾他"。

如果说，教师辞职是缘于情怀，那么，入职又是为了什么呢？当今，不少家庭已经摆脱了经济的束缚，工作不再是他们生活的基础，他们选择从教，那才是情怀。不过，缺乏理性烛照的情怀，往往滑向任性，给学校管理者，特别是处室主任（俗称"中层"）带来管理上的新挑战。"中层"，顾名思义，就是夹在中间的那一层：上层有些"神性"，下层有些"任性"。

那年，办公室做过统计，第一季度学校收到红头文件 182 份，平均一个工作日有三份之多。"红头"，是神圣性和仪式性的象征。可是，一线教师往往只重教学轻文件，只重务实轻务虚，对待看似与教育教学无关的任务非常排斥，经常采用回避、推诿、拖拉的方式来应对。于是，难坏了办事的"中层"。为了完成任务，他们只好天天追着教师讨要材料。

"中层"要得到"下层"（教师）的尊重不容易，要得到"上层"（组织）的尊重更不容易。记得二〇〇九年，在实施教师绩效工资分配时，上级特别要求必须向班主任、年段长倾斜，每月单列补贴 500 元。二〇一六年，政府又拨专款，每年补贴班主任、年段长 5000 元。每一次补贴，都把工作任务繁重、压力最大的"中层"排除在外。"中层"的情绪可想而知。"中层"辞职已经成为越来越普遍的现象，二〇一二、二〇一三两年，湖里实验小学都有人向我提出辞去"中层"职务。如何留住"中层"，并提升他们的管理水平，已成为我这个校长必须面对的新课题。

作为从一线教师一步一个脚印成长起来的校长，"中层"所面对的"神性"和"任性"，我都经历过。我很清楚，校长的理念、作风对"中层"的影响巨大。校长越倾向于对上"负责"，"中层"受到的"神性"压力就越大；校长越倾向于对学生负责，"中层"受到的"神性"压力就越小。所以，校长必须在对谁负责上进行平衡，并做出合理的选择。在我看来，校长首先是教师，是教育教学的引领者，然后才是行政者。是教师就要有专业，就要心中有学生——活生生的"人"；而行政者，就要有"神性"，因为面对的是"组织"，是"文件"。这种校长的身份定位，其实就是"中层"定位的榜样。

自从担任校长以来，我一直努力淡化这个身份的"神性"特征。首先，不做上层负面情绪的"敏感"传递者，不使那些消极影响继续向下传递；其次，真诚地对待"中层"，理解他们的压力，及时看到他们的付出，有意无意间，让他们感受到我对他们的尊重和感激。再次，引导"中层"尽快适应从教师到"中层"的身份转变，教给他们处理相关事务的方法，让他们感到校长一直在和他们一起努力。

一般情况下，"中层"来自一线优秀教师，师德和能力都比较出众，有着鲜明的教育情怀，在"神性"与"任性"的双重作用下，校长对于他们身份的认同、情怀的赞赏，能给他们带来心灵安慰，却不能促进他们水平的相应提升。

这年元旦，我接到同安第一实验小学已退休多年的老书记的电话，说他很想念老同事、老朋友，希望能找个机会同他们叙叙旧、谈谈心。

同安第一实验小学共两个校区（双溪校区、芸溪校区），原学校班子成员有二十多人，如今都成长起来：有 11 位校长，6 位副校长，还有两位是科级干部，其中 10 位还获得副高级职称，被同行誉为"同安教育的黄埔军校"。

有如此成绩，这所百年老校的"精神"是什么呢？这种精神能否破解今日湖里实验小学"中层"难留的困局呢？

春节前，我们相聚在一起，除了回忆当年一起打拼的经历，交流最多的是课程、课堂、校园文化、德育工作以及个人成长。我忽然找到了同安第一实验小学"中层"的成长原因——团队的教育情怀和积极向上的学习精神。虽然我们都离开了原有的团队，但这种教育情怀和学习精神被保留了下来，并在新学校生根发芽，而正是这种团队的情怀和精神造就了"同安教育的黄埔军校"。我想，它应当也能破解今日"中层"难留之困。

如何将这种教育情怀和积极向上的学习精神移植到湖里实验小学，来成全这个年轻的领导班子呢？

我首选阅读。为了适应当下网络时代"快餐式"的阅读方式，不给重负在身的"中层"再添负担，我们采用推荐式阅读，所选的文章短小精悍：各处室每周向我推荐一篇美文，内容不局限于教育教学，只要积极向上即可，同时要附上推荐理由，挂在学校的共享平台上供大家阅读。这样做一举多得：一方面，为了写好推荐理由，"中层"必须认真阅读；另一方面，我可以从推荐理由中很快地选取自己需要的文章阅读；又一方面，所有"中层"也可以收藏喜欢的文章，利用碎片化时间阅读。我经常从"中层"推荐的文章里摘录"名言"，在适当的场合、适当的时机引用，引用时，还特别说明是某某主任推荐的。如此，促进了"中层"的学习，提升了他们的自豪感，同时也拉近了校长与"中层"之间的距离。

我还有意识地引用"中层"的"名言"。我自担任同安第一实验小学校长开始，就非常重视教师写作，每到一所学校，都会创办一本属于学校自己的刊物，发表教师的各种作品，每一期我都会很认真地阅读，并养成了摘录教师好点子、好理念的习惯。我还经常为教师修改论文，在修改论文的同时，也会做一些摘录。我和"中层"在一处办公，阅读、修改的机会更多，他们能被引用的"名言"自然也就比较多。

早先，摘录教师"名言"主要是为了丰富和提升自己，二〇一五年之后，便成了激励"中层"的一种方式，一种特别温馨、特别走心的方式。

亲近名师，向名师学习是我打造年轻领导班子的另一条途径。

自二〇〇九年湖里实验小学创办起，学校就成立中国名师研究工作室，并创办内部刊物《中国名师研究》，半年一期，直至二〇一七年我调离为止，已办了 16 期。以中国名师为研究对象，每期研究两位：一位民国名师、一位当代名师。工作室由科研室领衔，教导处、德育处、总务处都参与其中。通过阅读、研究、评论，学习名师的教育思想和理念，内化他们的教学方式和智慧。我们还请当代名师到学校现场讲学，给学生上课。

为了让研究更加深入，"中层"必须提前做好功课，在广泛阅读的基础上进行遴选。确定对象后，他们还须先行进行研究，熟悉名师的教育思想、教育理念、教学方法，这样才能更好地推动全校教师一起学习研究。在研究的过程中，"中层"受到名师的熏陶，潜移默化中加深了自己的教育情怀。

特别是当代名师，对于湖里实验小学的"中层"和教师的影响极大。我负责通过朱永通老师联系好名师，其他的事务都由"中层"负责，从讲座主题、上课内容到论坛方式，都是由他们和名师商讨后确定的。与名师接触的过程，也是提升"中层"的过程。在众多名师中，贾志敏和朱煜两位对湖里实验小学影响最大。

二〇一三年之后，按规定，学校给专家的费用微乎其微，但是，贾志敏、朱煜两位名师还是一如既往地支持我们。记得贾志敏老师第一次到湖里实验小学，已是 75 岁又重病在身的老人了。

他说自己出来讲学，既不是为了钱，也不是为了名，而是希望将自己一生积累的教育经验传递出去。在上课时，他真情流露；在开讲座时，他倾囊相授；在交流时，他平易近人。这些都让"中层"和教师感动。

朱煜老师对于湖里实验小学的贡献更大。他曾多次到学校给教师开讲座，上示范课；学校也曾多次派"中层"到上海找他跟岗学习。

贾志敏老师曾经这样评价朱煜：朱煜老师喜欢课堂，热爱孩子。他把课堂看作实现人生理想的田园；他把学生视为抽穗拔节的禾苗。他"日出而作，日落而息"，二十余年如一日，风里来，雨里去，没有白天，少了黑夜，辛勤耕耘，喜于收获。他花力气研究作文教学，探索出有效且易推广的作文教学方法，编写了很多作文教学方面的书籍。他默默无闻，苦苦求索，勇于实践，乐于奉献，是一位有志向的、值得尊敬的青年。

这段话既是朱煜教育情怀的真实写照，用此来评价贾志敏老师自身也是非常贴切的。

湖里实验小学的"中层"与这样的名师接触多了，自然就变得更加有文化，有情怀。自然也就不再把目光定格在报酬的多少上，也不再把"心安放在外"（钱穆语），缓解了"神性"和"任性"双重挤压下的痛苦，处理好各种关系，也就安于中层工作，发挥"中层"的社会价值，实现自己的教育情怀。或许，这就是湖里实验小学二〇一三年之后能够留住"中层"，再也没有"中层"辞职的原因吧！

二〇一六年

这一年，我在"办学思想"的折磨下，萌生退意：既然我的很多想法跟不上时代发展的节奏，不如趁早让贤，安静地做一个保守的思考者。

"办学思想"带来的无尽苦恼

不知从什么时候开始，提炼学校的"办学思想"悄然兴起。

记得一九九五年，同安实验小学参评福建省示范小学，评估细则中出现"办学思想"一栏。说实话，在此之前，我从没有接触过"办学思想"这个概念，吕秋宝校长见多识广，但她也只知道集美小学的校训"诚毅"是校主陈嘉庚提出的，至于同安实验小学的"办学思想"，那就无从知道了，即使真的曾经有过，百年沧桑之后，现在也没能留下印记。

面对突如其来的"办学思想"，学校领导班子被难住了，谁也无法概括出令人满意的几个词。还好，时任同安教育局副局长的王鹏禹很有才华，他为学校提炼出一套完整的校训、校风、教风、学风，帮了学校很大的忙。隔年三月，同安实验小学终于被评为"福建省首批示范小学"。

二十几年过去了，对于当时的情景，沉淀在记忆里的只剩下"办学思想"几个字，具体内容已被岁月洗涤，只模糊记得好像与"美"相关而已。

二〇一六年，湖里区教育局为了提升教育品质，打造教育强区，经过慎重筛选，选出了八所学校作为"培育校"，希望能够从中培育出几所名校。

　　区教育局高度重视，为"培育校"成立专家指导组，聘请国内著名师范大学的教授入校指导，每年两次，每次一到两天。专家到校，除了近距离了解学校办学情况，指导教育教学改革之外，还要帮助学校提炼"办学思想"。于是，我再一次经历了二十年前的窘境，开始思考我的"办学思想"，不同的是，这一次有专家指导。

　　春季，两位专家如约来到学校，对学校进行较为深入的了解：听取校长做工作报告，召开行政、教师座谈会，进入课堂听课。忙了整整一天之后，两位专家又召开了一个反馈会。会上，专家组组长对学校进行了比较中肯的评价，并为湖里实验小学提炼出"书剑气质"的"办学思想"。这是根据湖里实验小学在书香文化、体育以及艺术方面所取得的骄人成绩而确定的。

　　我觉得，用"书剑气质"作为湖里实验小学的办学思想很霸气，很有冲击力，具有很强的视听效果；又能够比较准确地概括出学校的办学成效。但是，与我个人理解的"办一所安静的学校"的内涵相距甚远，也与我倡导的"慢教育"的办学追求格格不入。于是，我没有采纳专家的建议。

　　很长的一段时间里，我陷入了提炼"办学思想"的无尽的苦恼中。我经常想，党的教育方针、邓小平同志概括教育的"三个面向"，已经是最精准、最完善的办学思想，难道依我这"三脚猫"的文化素养，还能提炼出与之相匹的"办学思想"？这显然是不可能、不明智的，于是我干脆放弃算了。而另一方面，教育局催得很紧，要求学校在秋季开学之前必须拿出初稿，上交给专家组审核指导，十月份，教育局要召开一场"办学思想"汇报会，八所"培育校"校长都要亲自上台做介绍，不提炼出来"办学思想"，我拿什么上台发言？是冲锋，还是退守？是遵从命令，还是遵从教育方针？两种截然不同的想法交织在一起，反反复复地折磨着我的脑神经。

最后，还是遵从了区教育局的统一安排——提炼"办学思想"占据上风。

人的经历不同，接受教育程度不同，思想也不尽相同。"办学思想"也因校长自身的学识水平、人生经历的不同而迥异。

其实，我的"柔美"的"办学思想"也与同安实验小学一脉相承，都将核心落在"美"字之上，只不过我在前面加上了"柔"字。这就是我多年形成的对教育的一己之见。从接触"生命化教育"开始，我就一直延续着以一颗柔弱的心去对待每一个生命，倡导教育是"农业"，是"慢的艺术"。于是就有了"柔美教育"体系："行为之美、体育之美、艺术之美、科技之美、环境之美、书香之美。"说穿了，这个体系主要源自人的全面发展，并没有什么新意，要说有倾向的话，就在于前面这个"柔"字，即以什么样的方式去践行"美"。"办学思想"已经确定下来，就开始自圆其说了。终于，也较好地完成了区教育局交给我的任务。

提炼"办学思想"的那段时间，我总在忐忑不安的情绪中度过。我很想知道产生这种情绪的原因，却苦于一直找不到。

二〇一六年九月十五日凌晨三点，14号超强台风"莫兰蒂"在厦门登陆。登陆时，雷达被摧毁，厦门测得风力17级。一夜之间，整个厦门被蹂躏得满目疮痍、遍地狼藉，犹如世界末日！

灾难最能激发起人们的斗志。很快地，全厦门市有组织的，没组织的，有单位的，没单位的，只要能动的人都动起来，开展自救。学校也一样，教师、家长、学生都动起来了，对学校内部和周边的树木、垃圾进行清理。短短两三天后，学校就恢复正常上课。

作为农民的孩子，我骨子里已经深深地埋下了忍受苦难的根：面对天灾，承认天灾，接受天灾。千万年反复经历各种灾难，无力抵抗，只能默默忍受。播种、耕耘，不一定有收获，但不播种、不耕耘，一定没有收获。经历了千万年的灾难洗涤，面对灾难，我多了一份淡定和豁达。因为我知道，明年，树木依然会郁郁苍苍。

过后，朋友告诉我，同样面对"莫兰蒂"，同样开展自救，不同学校，境界不同。

有的学校用被折断的枝叶，在操场上举办了一场篝火晚会；有的学校，留下比较大的树桩，做成"天然凳子"，为学生提供休息时的座位；有的学校将横倒的大树做成"天然拱门"，成为学校一道风景线；还有的学校，变废为宝，将倾倒的树木剥了皮，让美术教师指导学生将树皮做成画，用树枝做画框，这些艺术品或者挂在学校墙上，或者当成礼品赠送贵宾。

能在天灾之后，始终秉持乐观主义精神，并随时随地寻找教育的契机，这不仅仅是一种教育的敏感，更是一种很高的教育情怀和境界！

我终于找到长时间内心忐忑不安的源头：虽然具有教育情怀，但由于年龄的缘故，我对于教育的敏感已开始退化。

这是一个新媒体发达的时代。犹如"农业时代""工业时代""智能时代"一样，"新媒体时代"已来临。他要求人们具有很强的媒体嗅觉，能够快速嗅出社会各种事物的更替和变迁。新媒体的发达让信息充斥人们的生活，大多数信息人们还来不及辨明真伪，就很快成为过去，被其他信息所淹没。这就是当代新的快餐文化，只求新奇、刺激，不求背后的真相，只求曾经拥有，不求天长地久。

显然，新媒体时代来临了，太过保守的我已经不能胜任校长职务。这个位置更适合有时代意识的年轻人，这也就是人们经常引用的一句话——"江山代有才人出"，我的时代已经成为过去，我可以满怀激情地回忆过去的辉煌，但我不能占着校长的位置，影响年轻人的发展，影响"新媒体时代"的教育发展。

不过，老家伙难免要自作多情地有所担忧：科技不等于教育，科技是冷冰冰的，而教育天然具有人文性；人文领域的最重要特征是积淀，如果完全抛开厚积薄发的教育属性，不断借助科技的便捷传播性，拼命追求博眼球的"快餐式教育"，长此以往，教育犹如长期吃快餐的人，肯定要吃出问题来。

不知为什么，在文章的结尾，我很想附上伏尔泰的一句话：不是事业为了思想，而是思想为了事业。

希望不是狗尾续貂。

后　记

寻找教育平衡的支点

　　一九九七年，我任厦门市同安实验小学校长，正值全国各地大力推广"素质教育"。实际上，"素质教育"与"应试教育"明里暗里博弈不休，社会上有个流行的说法："素质教育轰轰烈烈，应试教育扎扎实实。"到底要走哪条路，让人无所适从。有位老教研员颇有感慨地说："一百年来，中国教育如醉汉走路——摇摇晃晃。"我惊讶于如此雷人的比喻，脑海里闪现一连串画面：一个提着空酒瓶的醉汉，醉眼蒙眬，左摇右摆，一脚高一脚低地前行……但我又很不甘心，怎么能把教育比喻成醉汉呢！便追问他一句："中国教育不会如此不堪吧？"他不回答，过了一会儿，他看着我说："不管怎么说，他毕竟还在前行，不是吗？"我一时无语。不过，醉汉的形象从此无法抹去。

　　打那时起，每逢教育冒出"新生事物"，那醉汉的形象便不由自主地浮现出来。几十年来，我反反复复地咀嚼着这句话。如今，我临近退休，到了那位老教研员当年的年龄了，回想四十年的教育之路，更由衷地佩服"醉汉论"的生动与贴切。

二十年的校长历程，我又何曾不是像醉汉一样，摇摇晃晃地前行。与那"醉汉"不同的是，我经常提醒自己，已经醉了，便控制摆动的幅度，努力地保持平衡，还不至于因摆幅过大而跌倒。就这样，二十年一路走来，我不断地寻找着教育平衡的支点，希望更好地推动学校的发展。此书记录的便是我寻找支点的过程，以供后人了解我所处的这个时期比较真实的教育。

　　写完此书，我更加坚信，教育平衡的支点就是学生。离开学生，教育也就真的不是教育了，"醉汉"可能再也找不到家了。

陈荣艺

二〇二一年一月四日